산이걸음
판수

갑골문자의 전수

발행일   2021년 7월 26일

지은이   유자심
펴낸이   유영미
펴낸곳   인왕출판사
출판등록 2015-000335
주소   서울시 마포구 상암산로 1길 24, 404동 1001호
전화번호 02-308-2356   팩스 02-308-2356

ISBN   979-11-956665-6-0 03900

갑골문자의
전수

유자심 지음

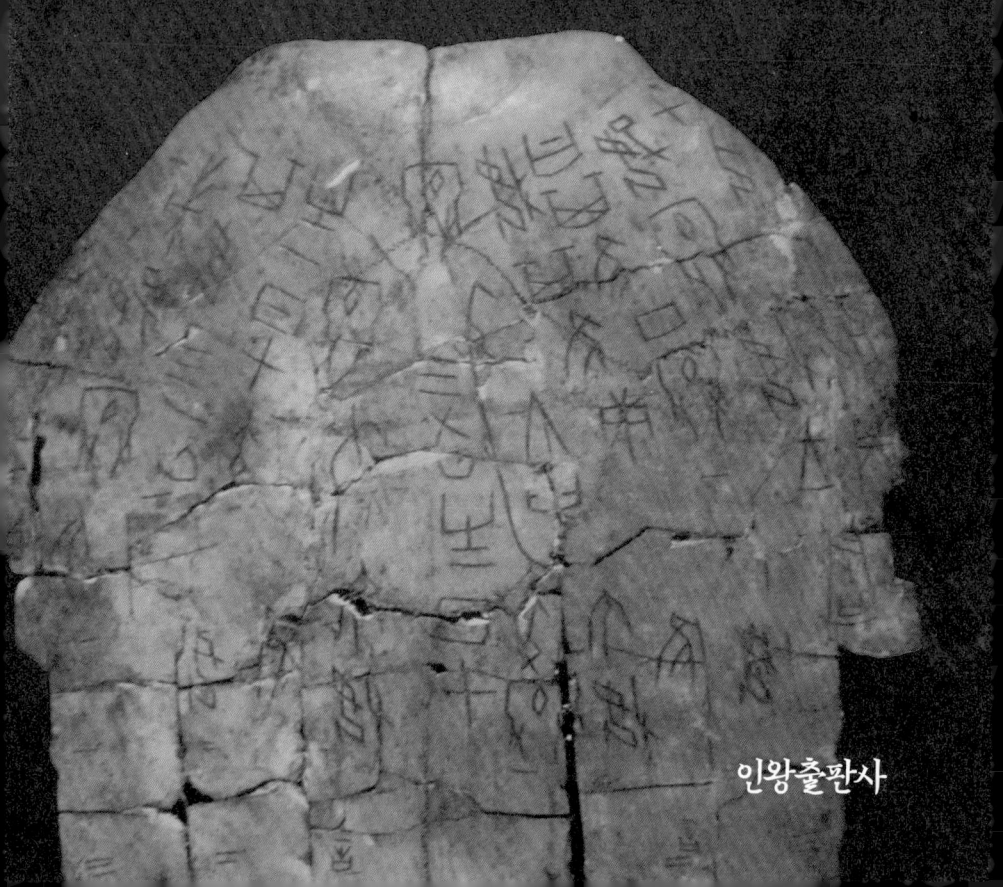

인왕출판사

머리글

상商나라의 갑골문자는 한자의 기원으로, 완전한 문장을 갖춘 문자라 한다. 상나라가 수도를 은으로 옮긴 직후부터 사용되기 시작했다. 그런데 이 단계로 발전해 가는 과정이 보이지 않는다.

갑골문자는 완전한 문장을 갖춘 채 갑작스럽게 등장했다.

갑골문자가 자체적으로 생성되지 않고 외부에서 전해진 것은 아닐까?

현재로서는 어느 것 하나 분명하지 않지만, 갑골문자를 개발한 주체를 추정해 볼 수 있는 단서가 있다.

그 단서는 갑골문자가 새겨진 '갑골편'에 숨겨져 있다.

그러나 정체가 드러나지 않았기 때문에 '숨겨져 있다'고 할 뿐, 실제로는 선명하게 노출돼 있는데 지금까지 알아보지 못했을 뿐이다.

그 단서는 갑골편의 형태와 선, 문자를 활용한 '사람형상'이다.

갑골편에 새겨진 사람형상은, 갑골문자가 사람형상을 새긴 주체에 의해 창제되었음을 의미한다. 따라서 갑골편에 새겨진 사람형상은 갑골문자를 창제한 주체를 추적할 단서가 된다.

먼저 갑골편에 사람형상이 새겨져 있는지 확인할 필요가 있다.

갑골편에 새겨진 사람형상은 뚜렷한 경우가 있는데도 불구하고 일반적인 시각으로는 발견하기 어려운데, 존재 가능성을 염두에 두고 접근하면 금방 눈에 들어온다.

이런 의미에서 숨겨져 있다고 하기 어려우며, 한편으로는 지금까지 드러나지 않았다는 점에서 숨겨져 있지 않다고 하기도 어렵다.

형상을 새긴 주체의 조화가 아닐까!

필자는 전문 역사 연구자가 아니며 갑골문자에 문외한이다.

따라서 분석에 필요한 갑골편을 직접 접하기 어려웠으며, 선명한 사진을 구하기도 쉽지 않았다.

다행히 양동숙 저『갑골문자 그 깊이와 아름다움』에 다수의 큰 규모의 사진이 실려 있어 큰 도움이 되었다. 감사의 말씀을 드리며, 더 선명한 갑골편 사진은 그 책을 참조 바란다.

아울러 갑골문자를 연구하고 책을 펴낸 모든 분들께도 감사의 말씀을 드린다.

드러나는 사실을 반영해 새롭게 역사를 구성하는 것은 본 책의 영역이 아니며, 역사 연구자들의 몫이 될 것이다.

갑골문자는, 그리고 여기에서 기원한 한자는 갑골편에 사람형상을 새긴 주체가 후대인에 전수한 선물인 듯하다.

목차

2장 갑골문자의 사람형상

3장   갑골문자 인물상의 의미

1장

갑골문자의 의문점

갑골문자가 무엇인지에 대한 설명을 보자.

"갑골문자는 중국 최초의 문자다. 상商 왕조는 국가의 대소사나 일상의 작은 일도 귀갑이나 수골을 이용해 길흉을 점쳤고, 점을 친 후 내용을 갑골에 새겨 두었다. 장문에 문장의 형식도 갖춘 이 문자가 바로 갑골문자이고 갑골문으로 약칭된다."[1]

1 양동숙, 『갑골문자 그 깊이와 아름다움』, 서예문인화(2010), p. 6

1. 사용 시기

갑골문의 사용 시기에 대한 설명이다.

"갑골문은 상 왕조의 건국한 때인 기원전 1600년에서 패망한 기원전 1046년 중, 도읍을 은殷으로 옮긴 이후인 기원전 1300년 이후에 사용된 것으로 추산되므로, 254년간 사용되었다."[2]

이 설명에 의문점이 있다.

은으로 옮긴 이후부터 사용되었다면 그 이전 시기에도 어떤 징후가 있어야 할 것이다. 발전해 가는 과정 없이 처음부터 완전한 형태로 장문에 문장을 갖춘 문자가 나타날 수는 없으므로 이전 흔적이 보이는 것이 필연적이다. 그런데 그 흔적이 뚜렷하게 나타나지 않는다.

온전한 갑골문이 어느 해부터, 그것도 도읍을 옮긴 직후부터 갑자기 사용될 수 있을까? 천도 직후는 혼란스럽고 정비에 바쁘기 마련인데, 이때 갑자기 새로운 문자가 온전한 형태로 등장한 것은 납득하기 어렵다.

옮기기 전 시기에도 사용되었는데 그 유적과 유물이 발견되지 않은 것은 아닐까?

그것이 아니라면 다른 곳에서 전해진 것도 상정해 볼 수 있다.

---

2 앞의 책, p. 7

갑골문자가 새겨진 갑골편의 발견되는 방식도 자연스럽지 않은 부분이 있다. 한 구덩이에서 무더기로 무질서하게 쌓여 발굴되고 있다.

보관을 건물 내에 하지 않고 구덩이에 하는 것은 이해하기 어렵다. 후대에 발견되도록 의도적으로 매장해 놓았을 가능성도 부인하기 어렵다. 갑골문자의 사용 시기와 갑골편의 발견되는 장소는 이런 의문점들을 제기한다.

2. 갑골문의 수

발견된 갑골편과 갑골문의 수에 대한 설명의 요약이다.

"발견된 갑골편의 총 수는 약 16만 편에 육박한다. 갑골문자는 대략 4,000~5,000자 정도이며, 정확하게 풀이된 문자는 1,000여 자에 이른다."[3]

"16만 편에 달하는 갑골편에 쓰여 있는 복사卜辭에 실제로 사용된 갑골문자는 1,000여 자를 크게 넘지 않을 것이다. 일반적으로 복사에는 600~700자가 빈번하게 사용되고 있다."[4]

문자 수는 4,000~5,000자인데 복사에 실제 사용된 수가 1,000여 자라면, 나머지는 왜 새겼을까?

실제로 활용된 1,000여 자 외의 의미가 확인되지 않은 문자들이 사실은 문자가 아니며, 다른 기능을 할 가능성이 있다.

이후 살펴보겠지만 일부는 사람형상을 표현하는 기능을 한다.

---

[3] 앞의 책, p. 7

[4] 앞의 책, p. 176

3. 점치는 방법

점치는 방법을 요약해 보자.

"먼저 갑골편에 둥근 홈과 긴 홈을 판다. 이때 바닥은 얇게 막을 남겨 둔다. 파인 둥근 홈에 막대기에 불을 붙여 달군 뒤 불을 끄고 지지면 3분가량 뒤 '복' 하고 골판 터지는 소리가 난다. 이때 얇은 막이 터져 반대쪽인 정면에 卜 자가 나타난다. 卜 자의 상고시대 음은 '복'에 가깝다. 명대 이후 '복'은 '부'로 음이 변하였다. 정면에 새겨진 卜 자 형태의 균열을 보고 왕은 길흉을 판단했다."

"대만 학자 장광원이 거북 복갑에 홈을 파고 지져 당시의 상황을 재현해 본 결과 3분 후 '복' 하는 파열음과 함께 卜 자가 출현하였다. 그러나 3일이 지나자 卜 자의 흔적이 사라졌다."[5]

『乙』507

장광원이 얻은 卜兆

---

5 앞의 책, p. 16~18, 80

"이미 형성된 卜 자는 다시 한번 덧팠는데 이는 선명하게 하는 한편 특별하게 미관을 살린 것이라 할 수 있다."[6]

불로 지진 후 나타나는 卜 자를 보고 점을 쳤다고 하며. 3일이 지나면 사라지는 卜 자를 다시 한번 덧팠다고 설명한다.

그런데 갑골편에 나타난 卜 자 중에는 다음 갑골편처럼 가로획이 보통의 획보다 훨씬 긴 것도 있으며, 서로 연결되기도 해서 나타난 그대로 덧판 것만은 아닌 듯하다.

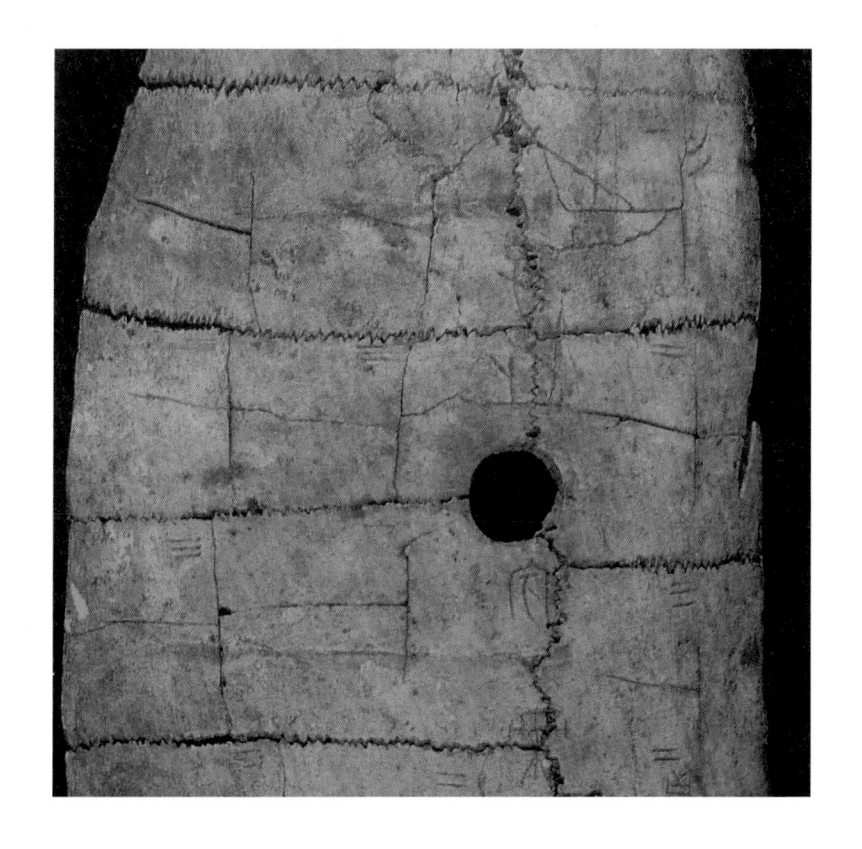

무엇보다 이런 방식이 동물 뼈에는 적용될 수 없다.

소뼈의 한쪽에 홈을 파고 불로 지진다 해도, 반대쪽의 법랑질琺瑯質이 터지며 금이 갈 수는 없다. 실제로 뼈에는 卜 자가 새겨지지 않았다. 그런데 뼈에 홈을 파고 불로 지진 듯한 흔적은 나타난다.

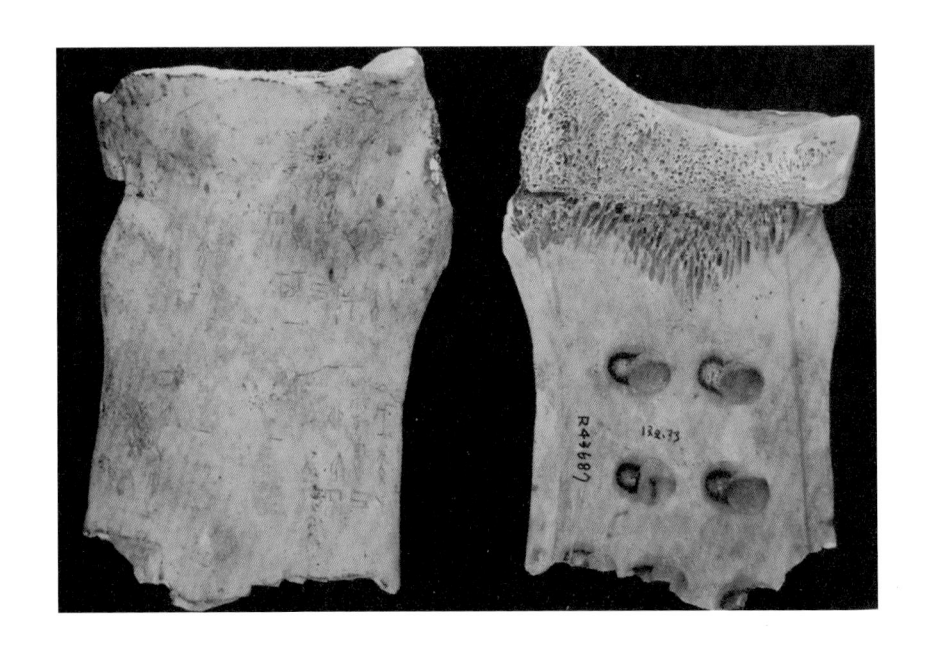

뼈에 卜 자가 새겨지지 않으면서도 불에 지진 흔적은 나타난다는 점을 감안하면, 귀갑에 나타난 卜 자를 점을 친 이후 새겼는지에도 의문이 든다.

다른 방법으로 점을 치고 갑골편에는 기록만 한 것일 수도 있다.

실제로 어떤 과정으로 점을 쳤는지 정확하게 밝혀진 것은 아니라 한다.

　"상대인들이 어떤 과정으로 점을 쳤는지 정확하게 알 길은 없다."[7]

7　앞의 책, p. 14

4. 갑골판의 종류와 준비

갑골판의 종류과 준비에 대한 내용을 요약해 보자.

"갑골판의 재료는 거북의 뼈와 동물의 뼈가 사용되었다. 거북은 등뼈인 배갑背甲과 배뼈인 복갑腹甲으로 구분된다. 동물 뼈는 다른 뼈도 있으나 대부분 소의 평평한 어깨뼈를 사용했다."

"거북의 복갑은 상하로 관통한 천리로天里路를 중심으로 열두 개의 아교질 비닐로 덮여 있다. 아교질 비닐편을 걷어 내면 복갑의 정면에 다시 아홉 개의 조각으로 된 골판이 나타난다. 연결 부위는 톱니처럼 되어 있어 '치봉齒縫'이라고 부른다."**8**

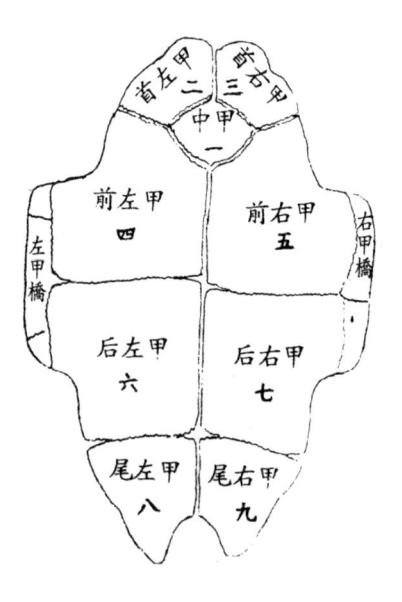

"거북의 배갑은 골판 자체가 볼록하여 글자 새기기가 어려우므로 중앙을 중심으로 반을 잘라 내서 더욱 평평하게 만들어 사용했다."

"소의 어깨뼈인 우 견갑골은 매끈한 부분과 볼록한 부분이 있는데 매끈한 부분에 글을 새기기 때문에 이곳을 정면이라 하고 볼록한 부분을 반면이라 칭한다. 일부를 잘라 내 실제 사용과 보관의 편리를 도모하였다."[9]

---

9 앞의 책, p. 14~16

5. 갑골편 제작과 치봉의 의문점

갑골편은 점을 치고 복사卜辭를 기록한 것인데, 이에 어울리지 않게 다음 갑골편처럼 필요 이상으로 가공한 것들이 있다. 복사를 기록하기 위한 용도일 뿐인 건지 의문이 든다.

거북 복갑은 아홉 개의 조각이 된 골판이 연결돼 있는데, 연결 부위가 톱니처럼 되어 있어 치봉이라 부른다고 설명했다.

그런데 치봉이란 설명에 의문이 드는 경우가 있다.

다음 갑골편은 톱니의 크기가 너무 커서 자연적인 치봉인지 의문이다.

EBS 〈만공 세계사〉의 '갑골문자' 영상에 소개된 복갑의 치봉을 보자. 톱니 모양이다.

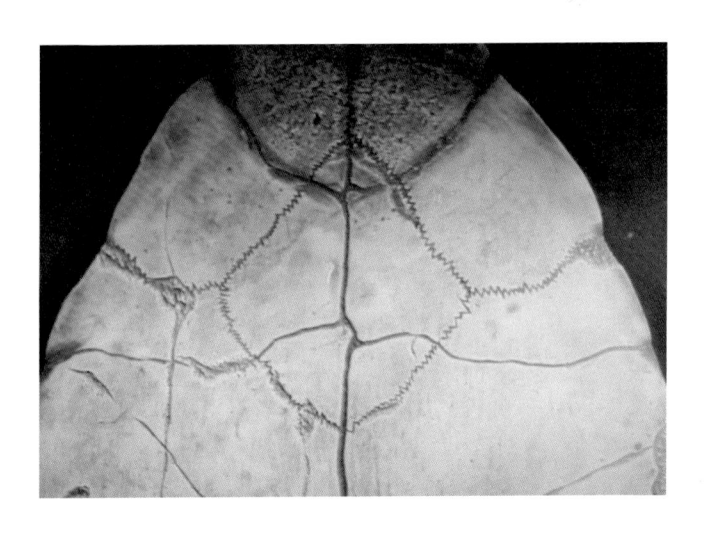

그런데 아랫부분의 치봉에 그어진 문자로 보이는 것들은 치봉이 단순한 골판의 연결선이 아닐 수 있음을 시사한다.

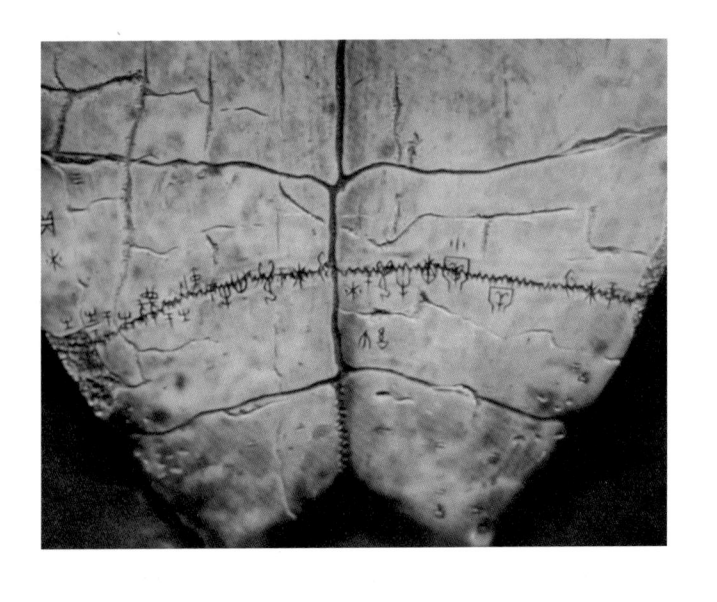

중간 부분을 보면 치봉이 골판 조각을 연결하는 것이 아니라, 거친 면 위에 얇게 덮인 매끄럽고 밝은 부분을 벗겨 낸 모습이다. 이는 귀복갑의 치봉으로 알려진 선들이 인위적으로 그어진 것일 수 있음을 시사한다.

이는 기존 이론의 설명과 전혀 다른 것이다.

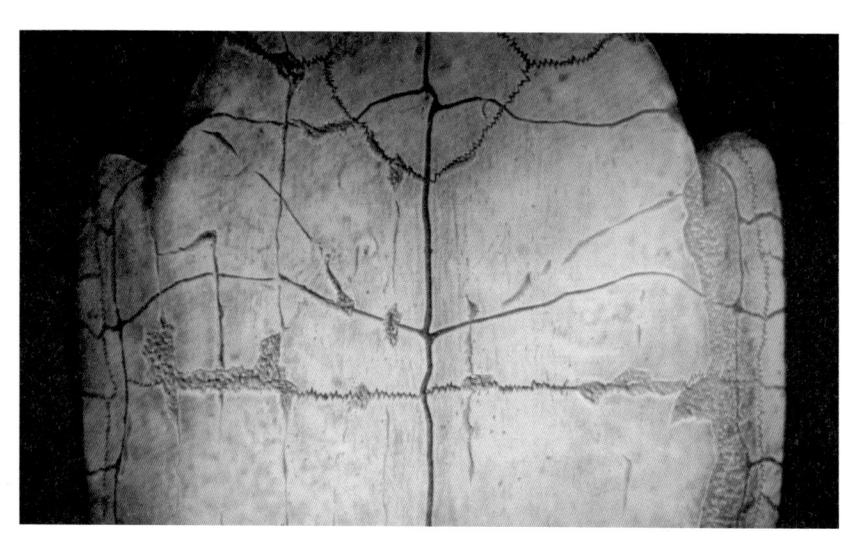

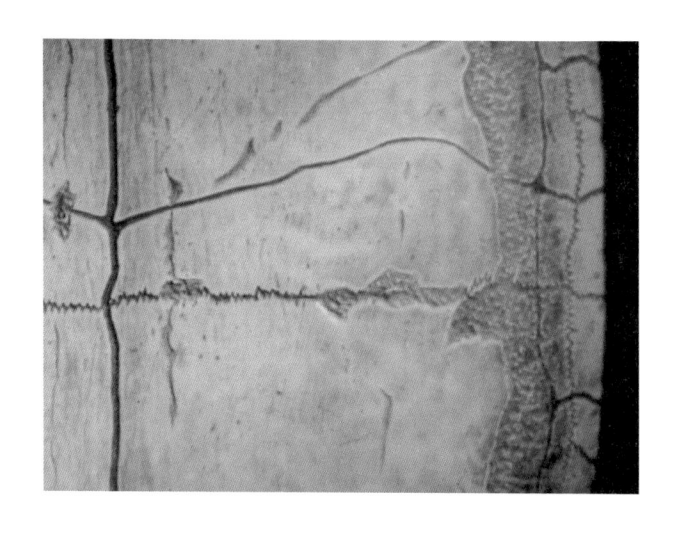

2장

갑골문자의 사람형상

앞 장에서 살펴보았듯이 기존 이론에는 많은 의문점이 있다. 갑골편과 여기에 새겨진 갑골문자가 복사를 기록하기 위한 것만은 아닌 듯하다.

자연적인 갑골편의 형태뿐만 아니라 인위적으로 다듬거나 선을 그어 사람형상을 새기고 있는 듯하므로 이를 살펴보자.

처음에는 형상의 존재를 쉽게 인식하지 못할 수도 있고, 잘 알아보지 못하는 사람도 있을 수 있으므로, 아주 간단한 경우를 제외하고는 형상을 따라 설명 그림을 그리기로 한다.

이 장에서는 『갑골문자 그 깊이와 아름다움』에 실린 갑골편 사진을 중심으로 분석해 보기로 하자.

1. 첫 번째 갑골편

문자 배열과 일치하는 정방향의 모습이다.

갑골편에는 갑골문자가 새겨져 있으므로 문자 배열과 일치하는 것이 정방향이 된다.

여기에서는 편의상 정방향의 면을 '앞면', 반대쪽을 '뒷면'으로 칭하기로 한다.

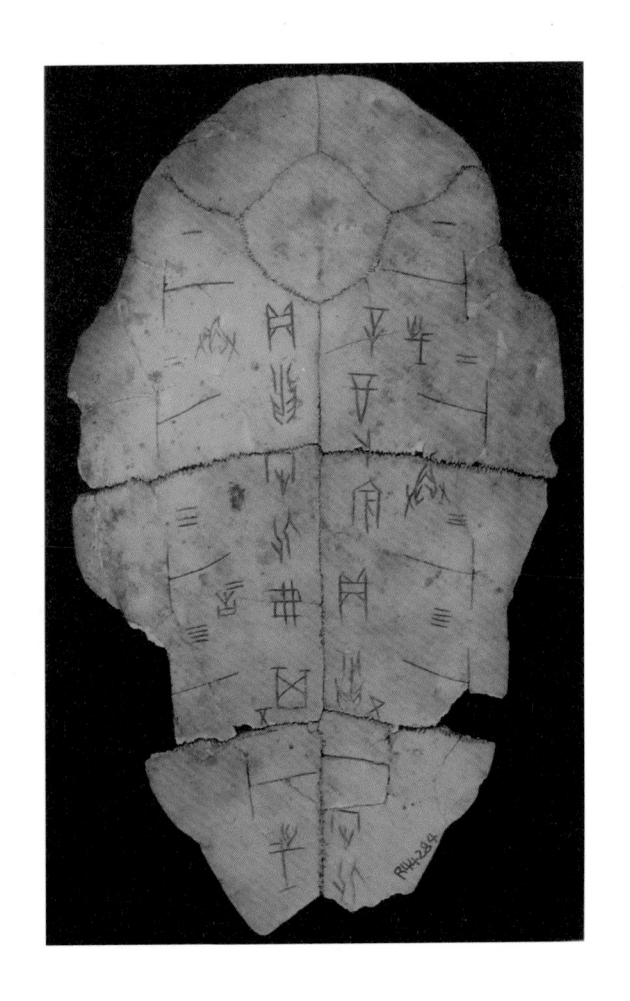

1) 형태와 선이 나타낸 형상

인물상이 뚜렷하다. 한자 卜 자가 눈과 입을 이룬다. 卜 자가 점을 친 결과라
하는데, 그 획의 선들이 인물상을 새기는 기능도 하고 있음을 알 수 있다.

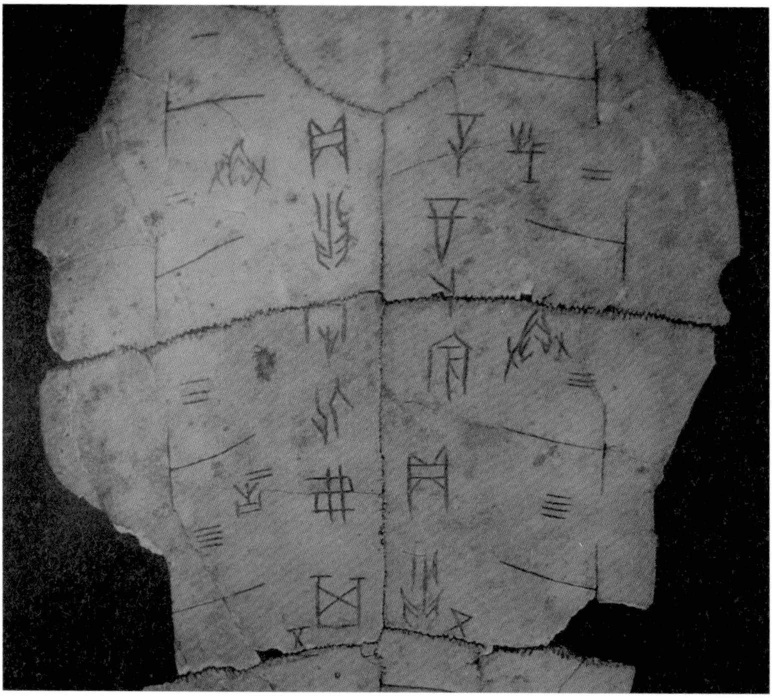

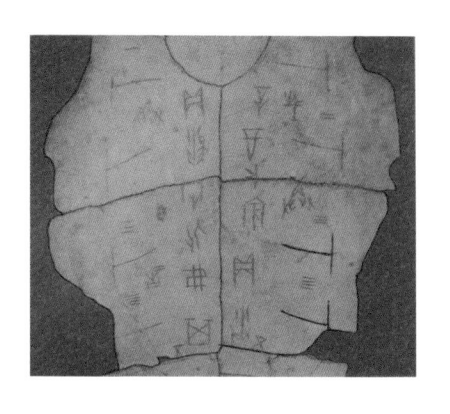

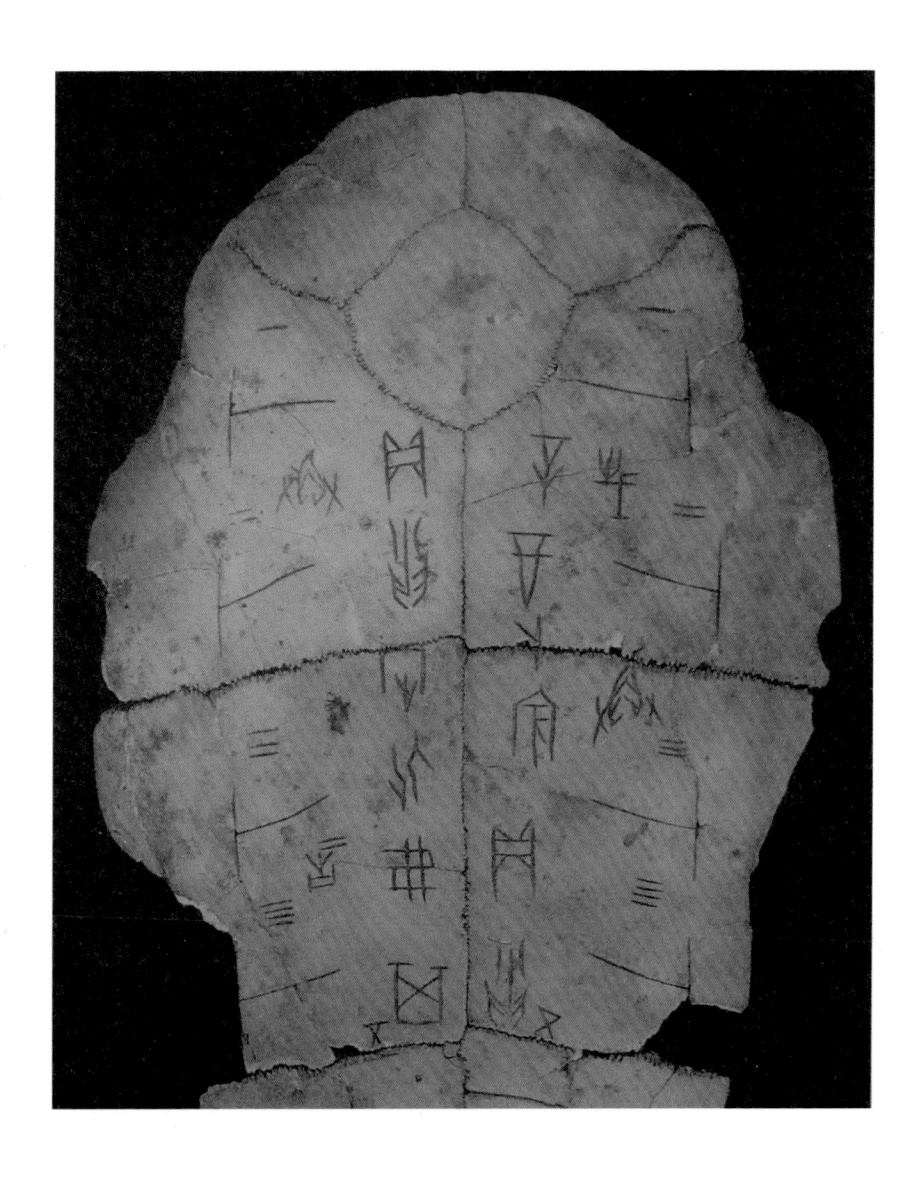

치봉선과 卜 자 외에도 여러 선이 그어져 있다. 이런 선들이 자연적으로 그어
질 수는 없으므로 인위적으로 다양한 선을 긋고 있음을 확인할 수 있다. 선이
인물상의 윤곽선을, 卜 자의 획이 입을 표시한다. 색감의 홈이 눈을 나타낸다.

색감이 눈과 입을 표시하는 인물상이다. 색감이 형상을 표현하는 기능을 하는 것은 차츰 뒤에서 더 명확하게 증명될 것이다.

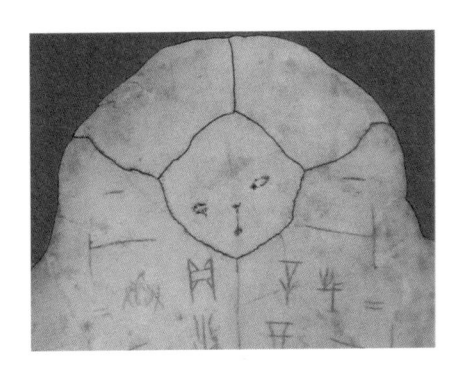

정방향이 아닌 다른 방향에서 보아도 형상이 새겨져 있다. 정방향만이 아닌 다른 방향으로도 형상이 새겨져 있음을 알 수 있다.

작은 홈이 눈을 표시한다.

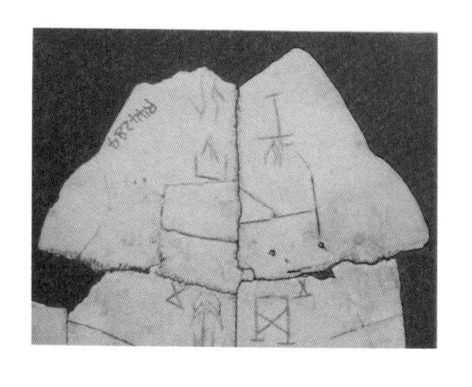

홈이 눈을 이루고, 문자의 획이 다른 눈을 나타내는 듯하다.
ㅏ 자가 코와 입을 형성한다.

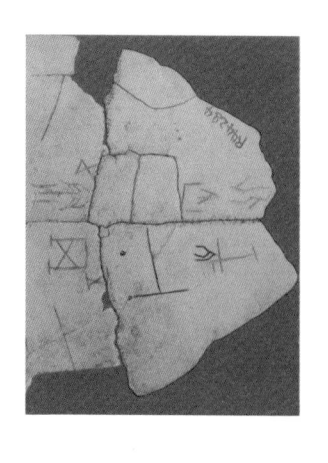

2) 문자를 활용한 형상

　문자가 눈을 나타내는 듯한데, 눈과 모양이 다르므로 눈을 표시한다고 확정적으로 규정할 수는 없다. 그러나 형태와 어울려 눈의 위치에 있으므로 추후 연구를 기다리며 살펴보기로 하자.

　갑골편에 사람형상이 새겨졌음을 감안하면 문자가 눈을 표현하도록 새겨졌을 가능성이 있다.

2. 두 번째 갑골편

사각형의 형태로 조각조각 분리되어 있다.

점을 치고 그 결과인 복사를 기록하기 위한 귀갑을 이처럼 복잡하게 다듬은 이유는 무엇일까?

기존에 파악하지 못한 목적과 이유가 분명하게 있을 것인데, 사람형상이 새겨져 있어 이를 위한 것으로 판단된다.

1) 형태와 선이 나타낸 형상

둥근 형태가 인물상의 얼굴을 나타낸다. 얼굴 아래 좌측 부분에만 홈의 선이 그어져 윤곽선을 나타내는, 우측을 바라보는 인물상이다.

주변에는 나타나지 않는 붉은 색감의 점이 눈을 표시한다. 눈을 표시하는 색감이 인위적으로 조성되었음은 뒤에서 차츰 살펴보기로 한다.

ㅏ 자의 우측 획이 입을 이룬다.

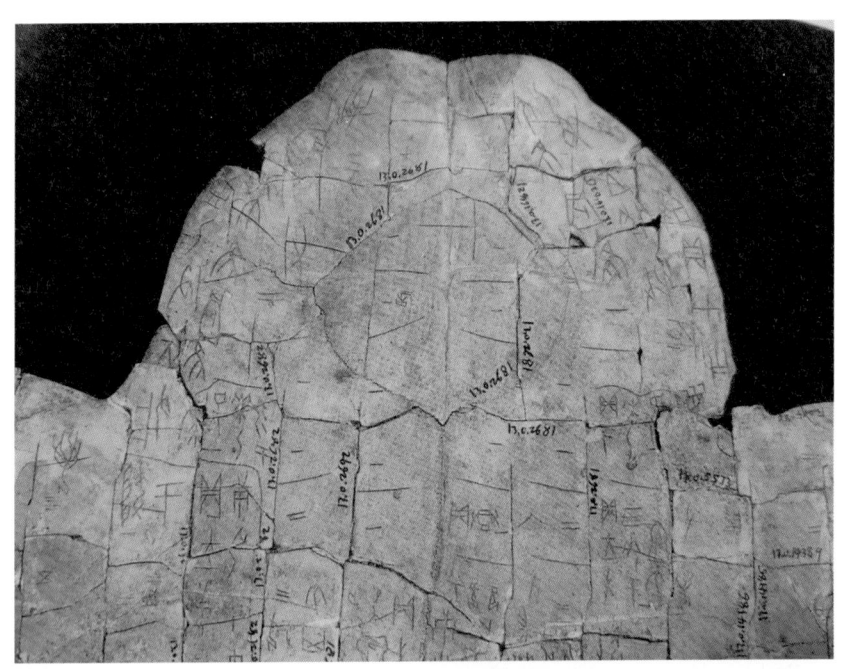

두 구멍이 눈을 이루었다. ㅏ 자가 입을 표시한다. ㅏ 자와도 관련이 없고 문자도 아닌 짧은 선이 코를 나타낸다. 인물상을 나타내도록 모두 의도적으로 새겼을 것이다.

ㅏ 자가 두 눈과 입을 이루었다.

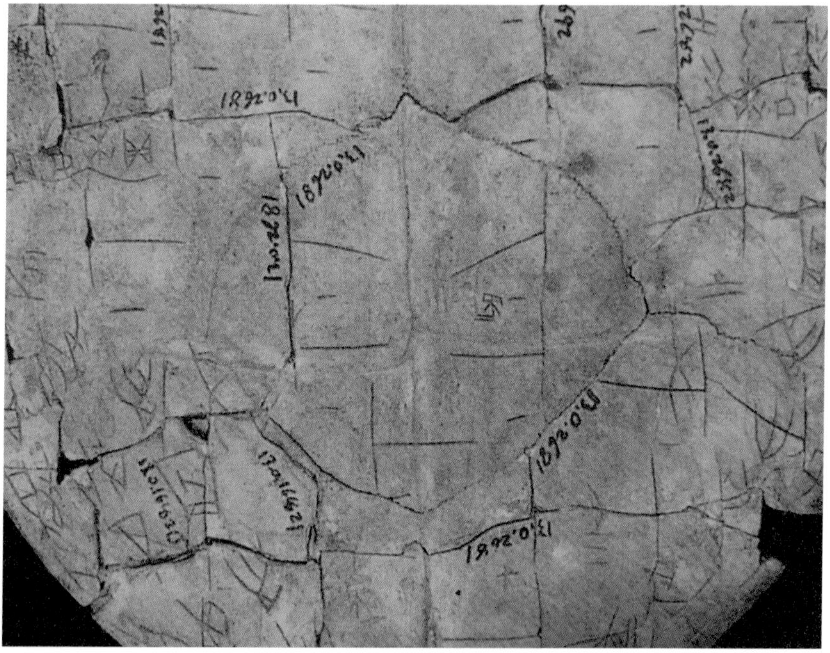

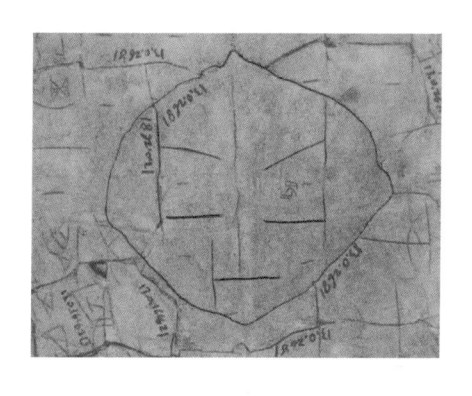

작게 잘려 사각형을 이룬 곳이 인물상을 나타낸다.

선과 색감을 이용한 형상이다.

처음에는 다소 불분명해 보이지만 선과 색감이 형상을 표현하는 기능을 하는 것이 점차 명확히 드러날 것이다.

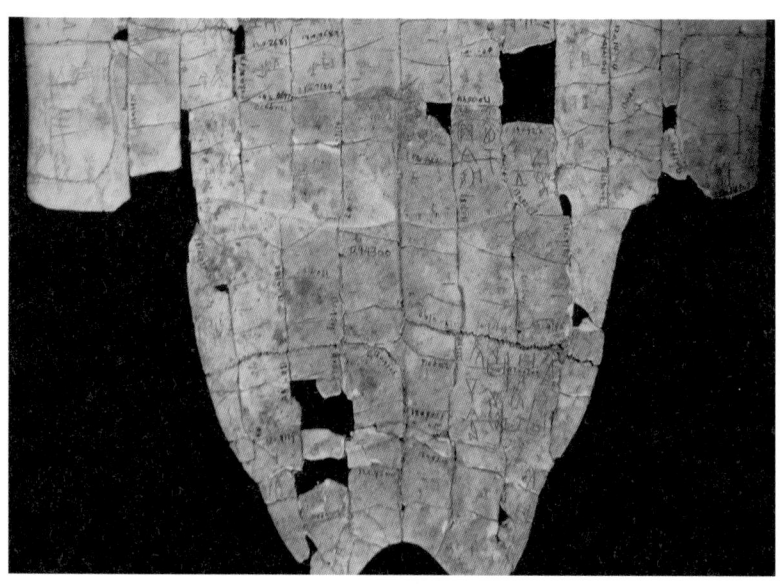

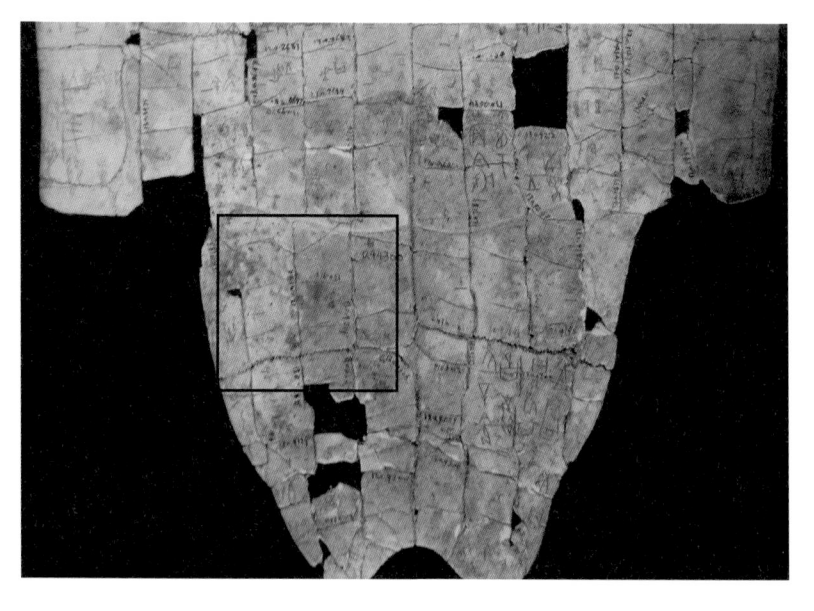

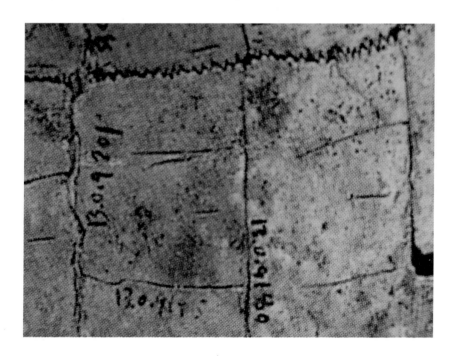

본편을 거꾸로 하면 유사하게 사각형 위치에 나타난 인물상이다.
이외에도 뚜렷하지 않으나 여러 형상이 더 있는 듯하다.

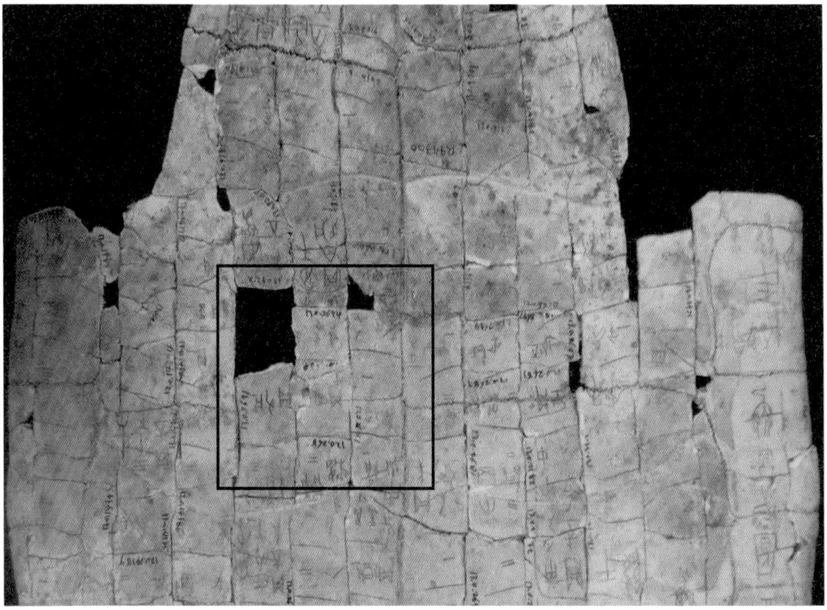

2) 문자를 활용한 형상

앞에서도 언급했듯이 문자가 활용된 형상은 단정적으로 확정할 수는 없다. 추후 연구를 위해 살펴보기로 하자.

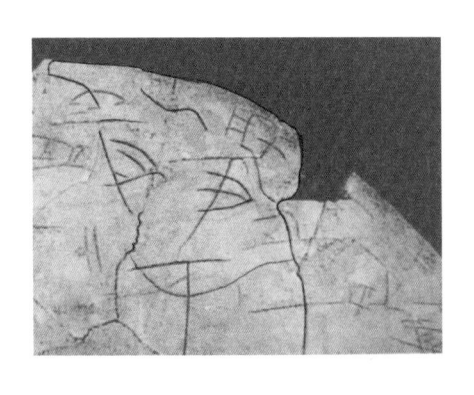

3. 세 번째 갑골편

아홉 개의 골판이 좌우 대칭을 이루는 복갑의 일반적인 형태와 다르다.
불규칙한 구조는 의도적으로 다듬어 형성했음을 나타낸다.

1) 형태와 선이 나타낸 형상

선이 모자를 쓴 듯한 뚜렷한 인물상을 그린다. 선으로 눈을 그리고, ㅏ 자 획이 입을 표시한다. 윗부분에는 다른 인물상이 유사한 방식으로 중첩해 있다.

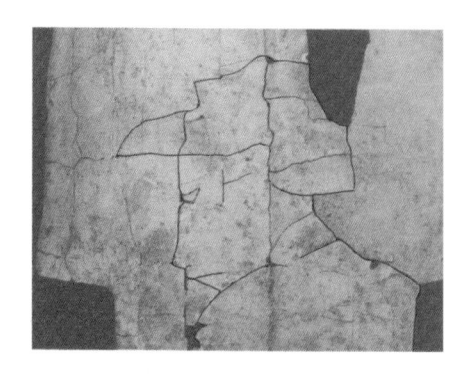

위 형상 윗부분에 중첩한 형상이다.

색감으로 눈을 표시하고, ㅏ 자의 획이 입을 나타낸다.

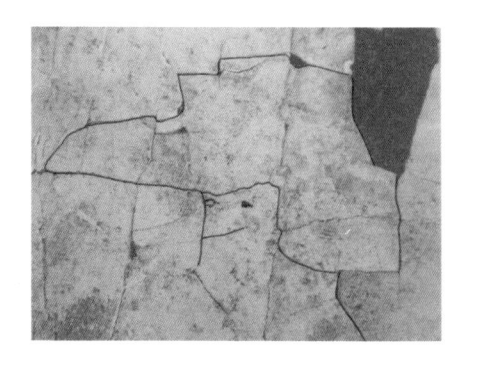

위 형상 위쪽에도 중첩해 인물상이 새겨져 있다.

색감이 눈을 표시하고, 짧은 색감의 선이 입을 표시했다.

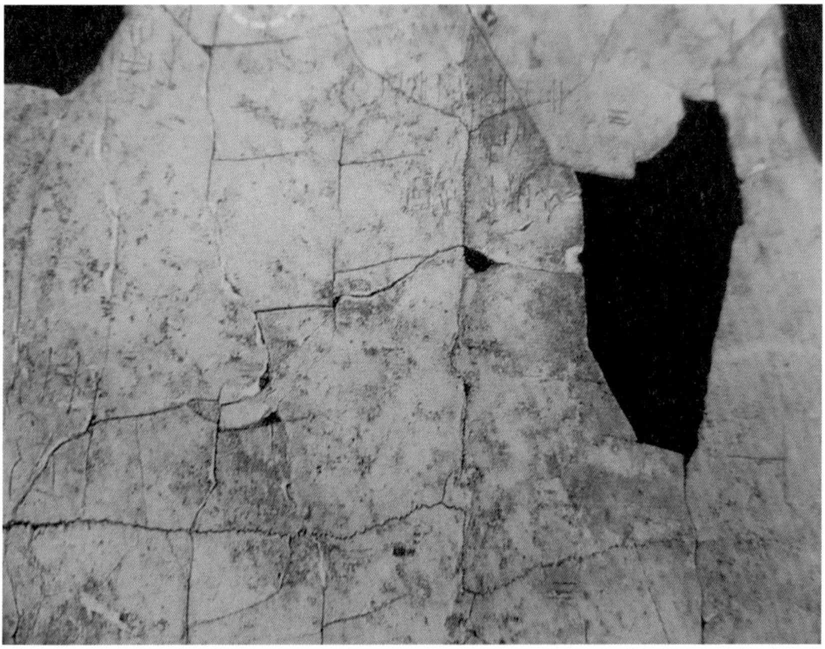

위 두 형상을 포함하고 있는 큰 인물상이다.

얕게 깨트린 부분이 한 눈을 이룬다. 자연적으로 나타나기 어려운 구멍이 함께 눈을 나타낸다. 치봉처럼 보이나 톱니 모양이 거의 나타나지 않은 선이 입을 이룬다.

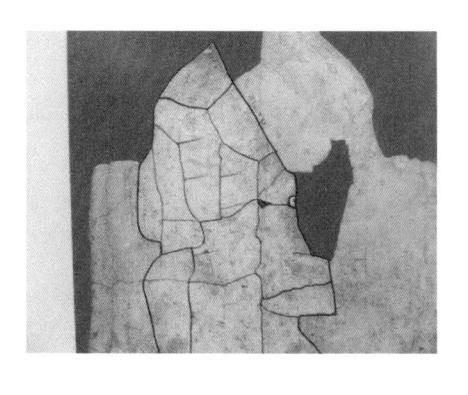

위에 보이는 곳을 반대쪽에서 보면 인물상을 의도적으로 표현했음이 더욱 뚜렷하다.

좌우가 바뀐 홈과 구멍이 눈을 나타내고 선으로 코와 입을 그렸다.

전체적인 형태도 인물상에 적합하도록 다듬었으며 선들이 머리카락의 구분선을 나타낸다.

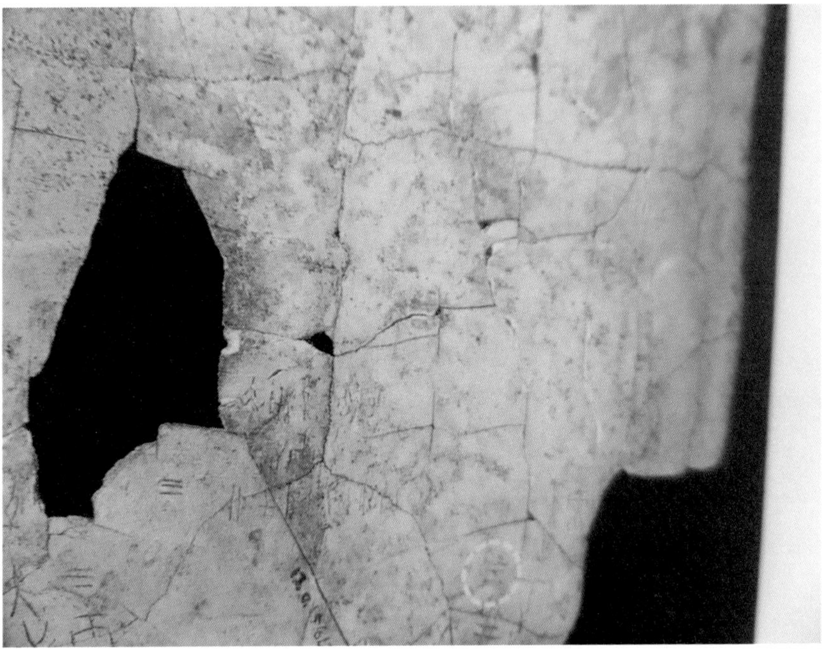

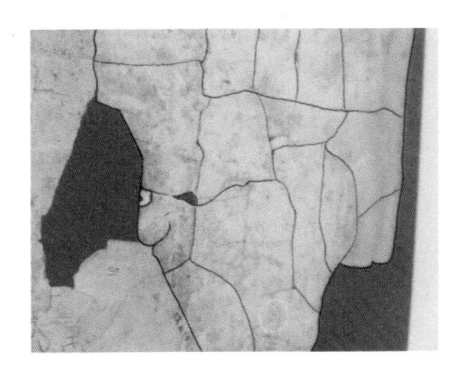

큰 구멍이 앞쪽 윤곽선을 이룬 인물상이다.

구멍은 인물상을 조성하는 과정에서 형성된 듯하다.

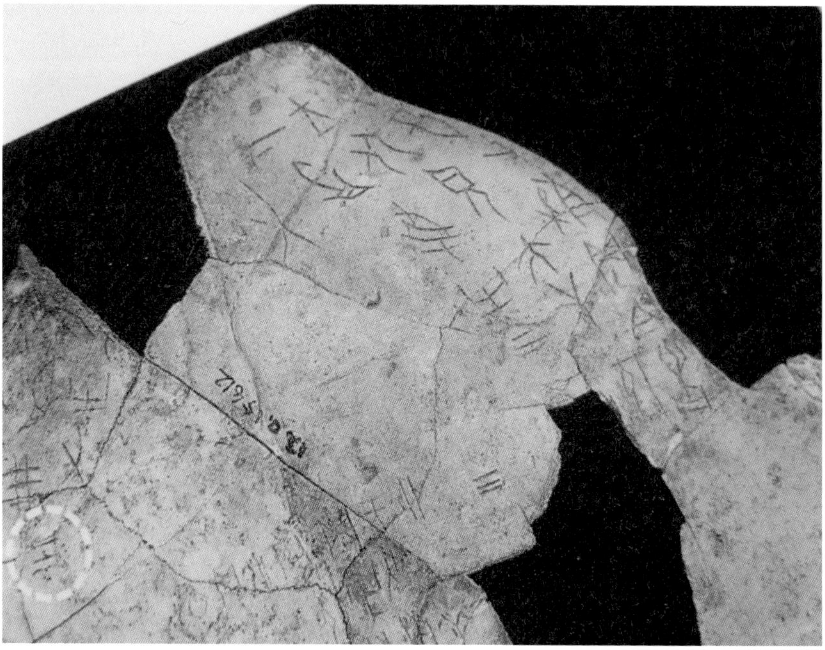

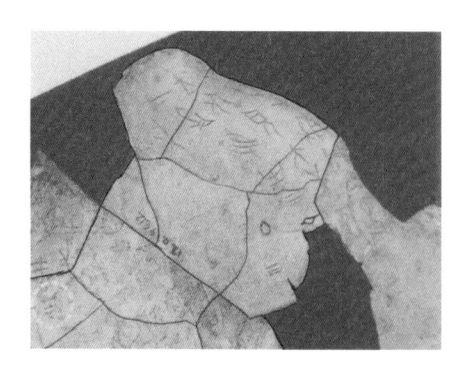

구멍과 둥근 형태의 색감이 인물상의 눈을 이루었다.

내부에 반대 방향을 향한 인물상이 중첩해 있다.

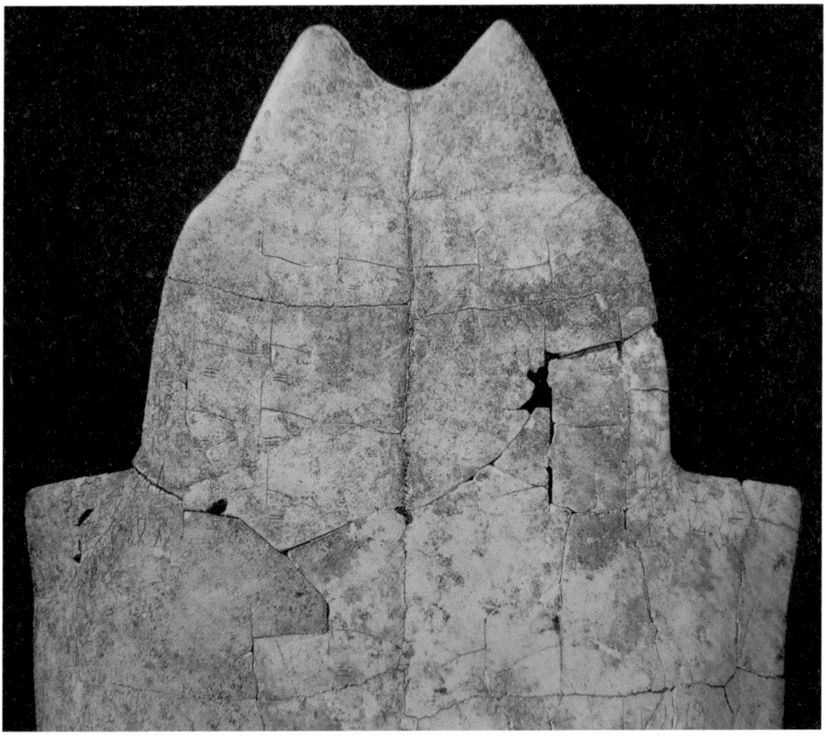

위 형상 내부에 중첩된 반대 방향을 향한 인물상이다.

머리카락 부분에 ㅏ 자를 활용한 두 인물상이 나타나 있다.

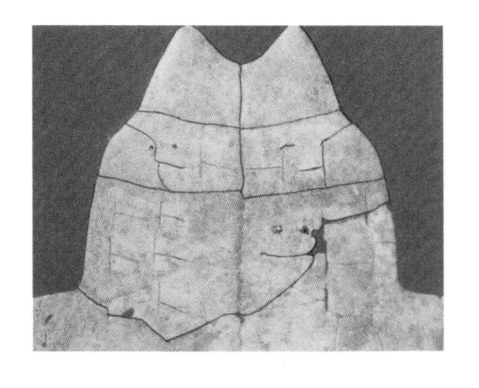

위 형상 얼굴 부위를 확대한 형상이다.

검은 색감이 두 눈을 이룬다.

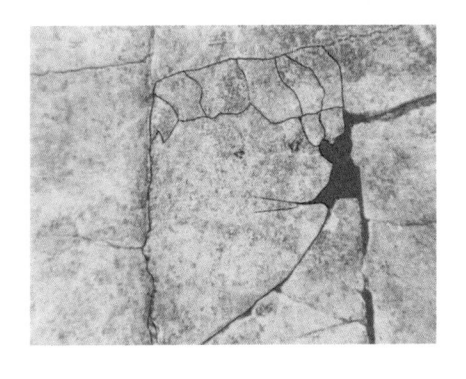

위 형상을 거꾸로 보아도 뚜렷한 인물상이다.

위에 보이는 곳을 거꾸로 바라본 인물상이다.

위 형상의 눈을 나타내는 구멍이 입을 이루는 형상이다.

숫자로 보이는 문자가 두 눈을 표시한다.

갑골편에는 숫자 一, 二, 三과 여기에 한 획을 추가한 것이 많이 새겨져 있는데, 그 자체로는 의미가 없는 듯하다. 다수는 허수이지만 일부는 사람형상을 이루는 기능을 위해 새긴 것으로 추정된다.

卜 자 우측 획이 길게 이어져 머리카락 경계선을 이룬다.

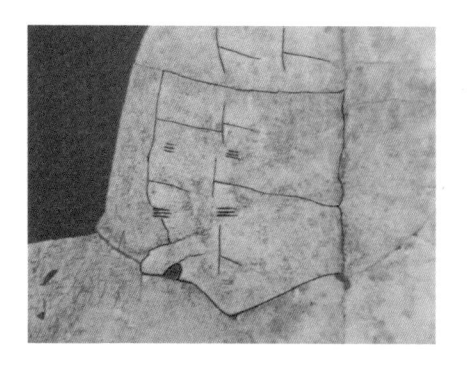

ㅏ 자의 획이 눈을 이룬 인물상이다.

입을 나타내는 선은 ㅏ 자의 획이 아니며 의도적으로 그은 선이다.

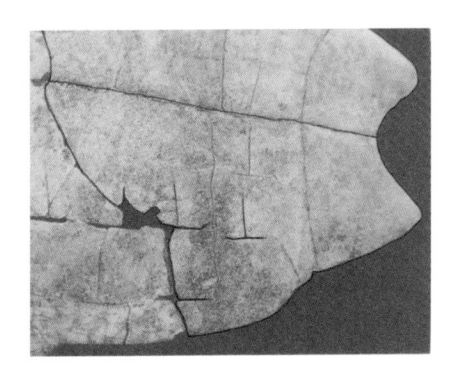

선이 윤곽선을 그리고 ㅏ 자가 눈을 나타낸다.

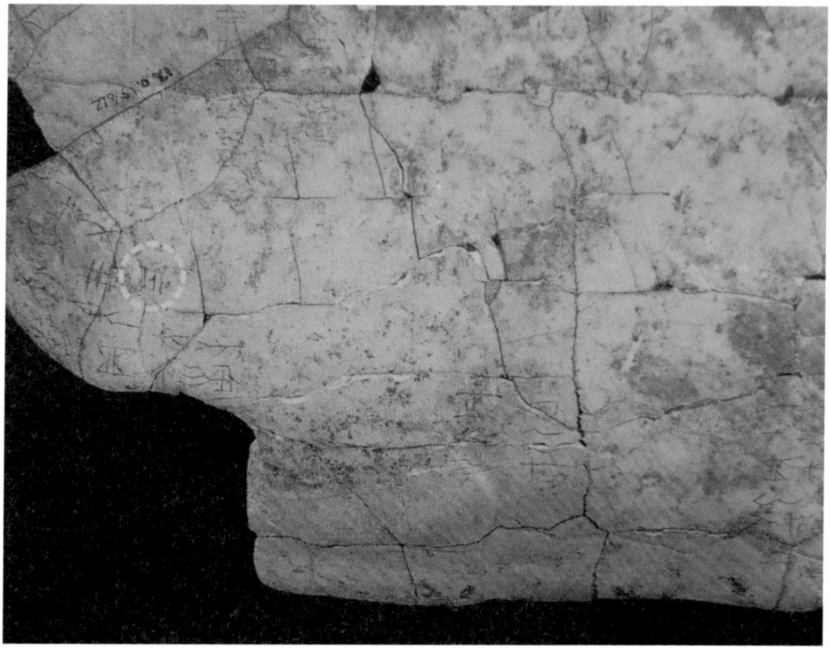

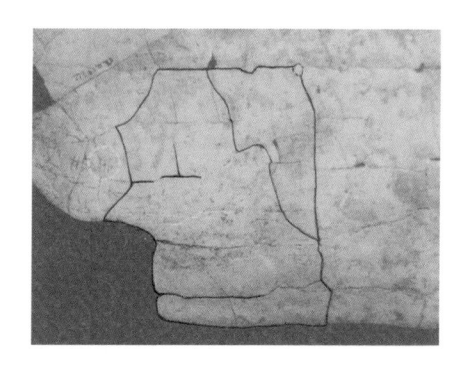

2) 문자를 활용한 형상

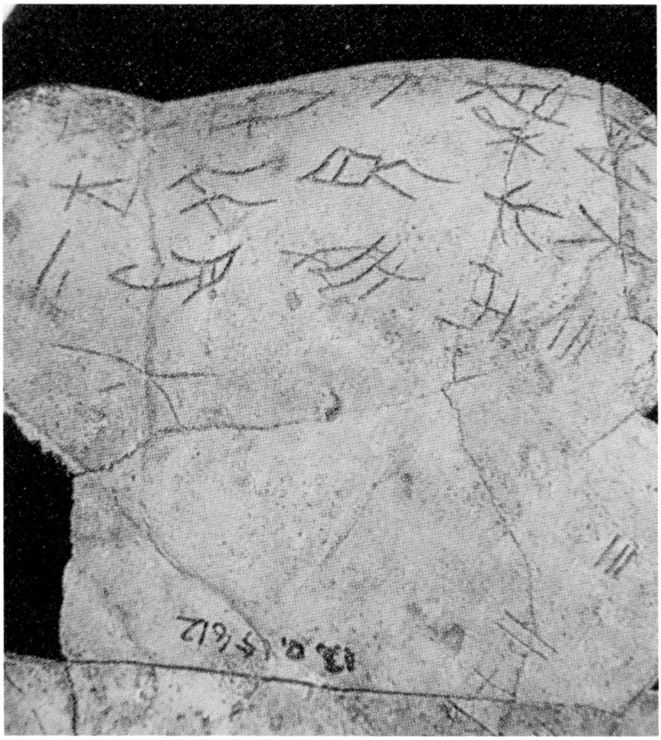

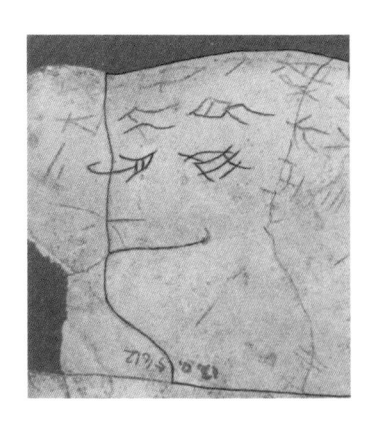

4. 네 번째 갑골편

가운데가 군데군데 여러 곳 떨어져 나갔다.

전체적으로 부식되지 않았는데 가운데 부분이 자연적으로 떨어져 나가기 어려우며 인위적, 의도적 현상으로 보인다.

여러 곳이 잘려 나가 다양한 형태의 구멍이 나타나 있다.

길게 이어진 구멍이 윤곽선을 이루며, 남녀가 마주 보고 있는 형상이다.

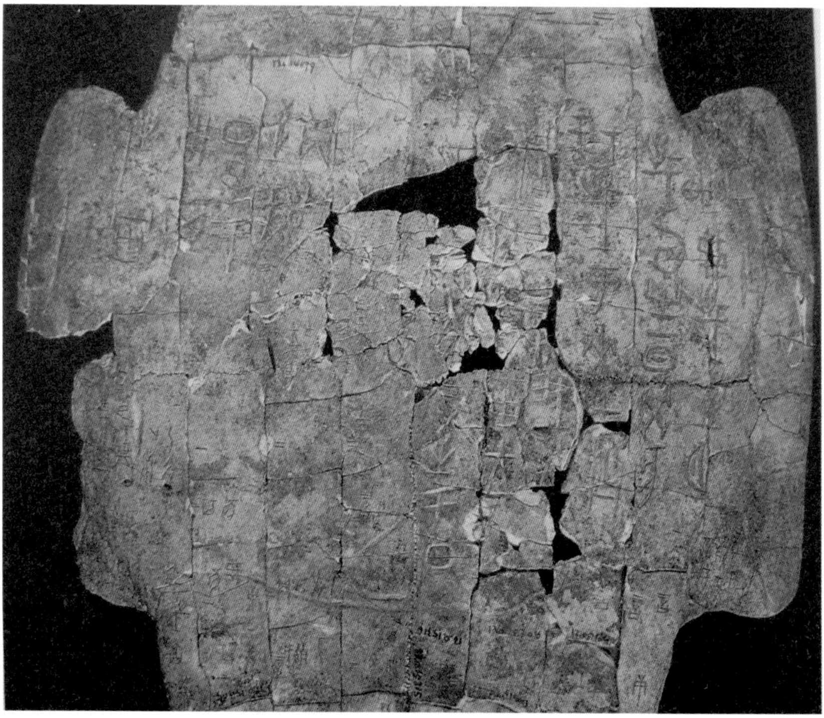

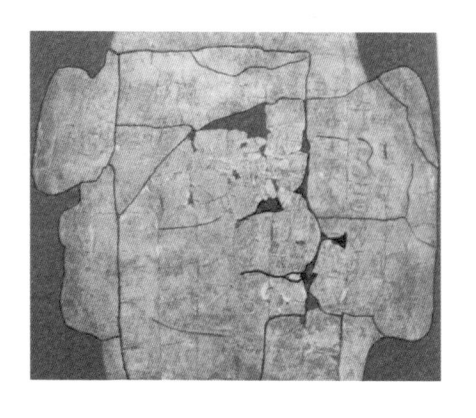

99

위에 보이는 곳 내부에 중첩된 인물상이다.

떨어져 나간 부분이 인물상의 윤곽을 형성한다.

분명한 목적하에 의도적으로 다듬었음이 잘 드러난다.

양방향을 향한 두 인물상이 중첩해 있다.

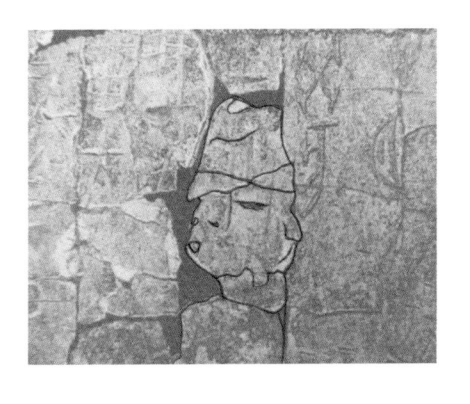

칸을 이룬 선이 윤곽선을 나타낸다.

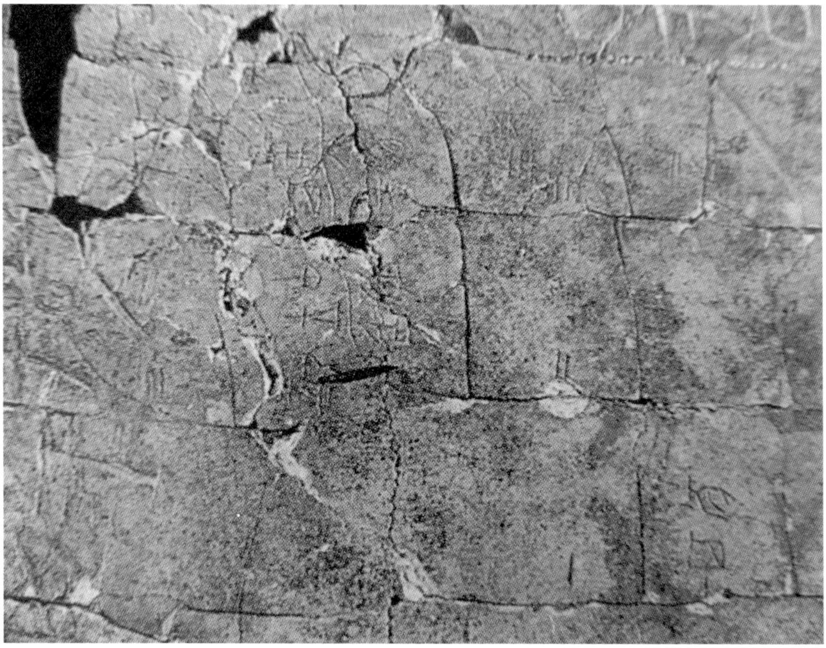

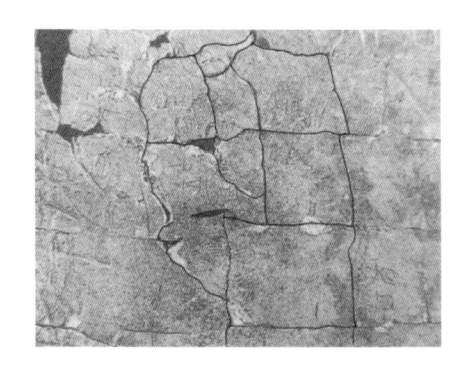

문자가 활용된 형상이다.

위쪽에 나타난 어깨를 웅크리고 있는 듯한 형상이다.

ㅏ 자가 눈을 나타낸다.

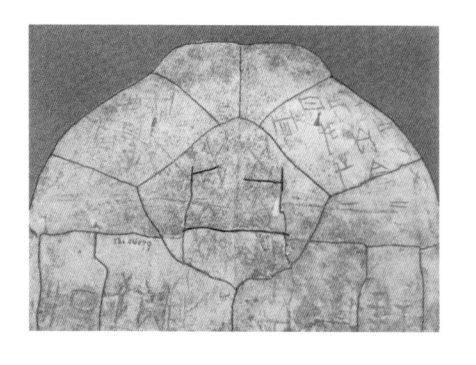

위 형상 좌측에 중첩돼 있는 형상이다.

여러 선이 교차하며 인물상을 나타낸다.

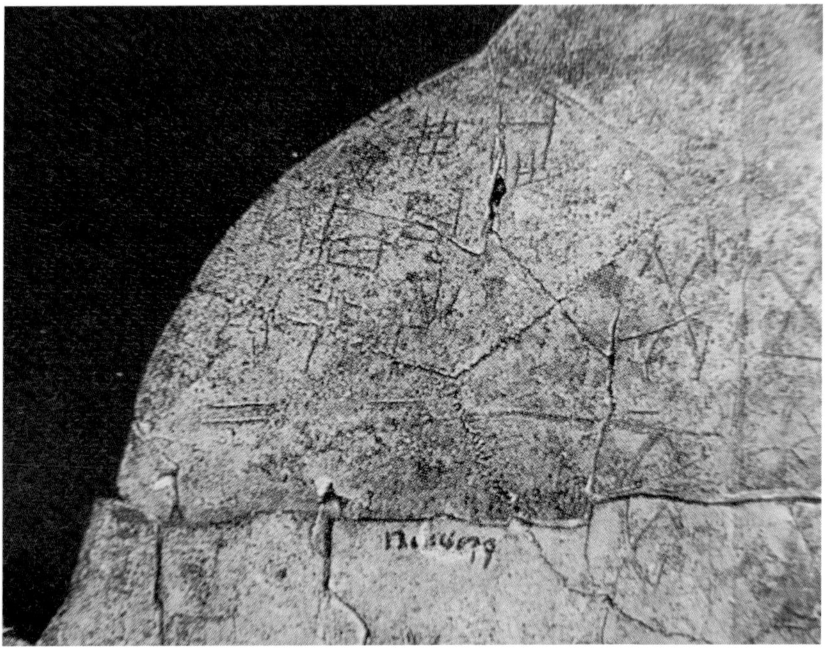

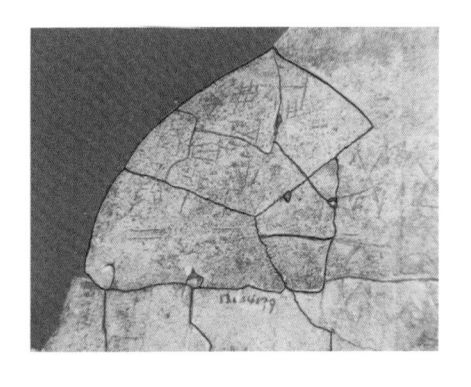

위 인물상을 거꾸로 보면 다음 형상이 나타난다.

큰 인물상의 우측 눈이 중첩된 작은 인물상의 좌측 눈을 이루었다.

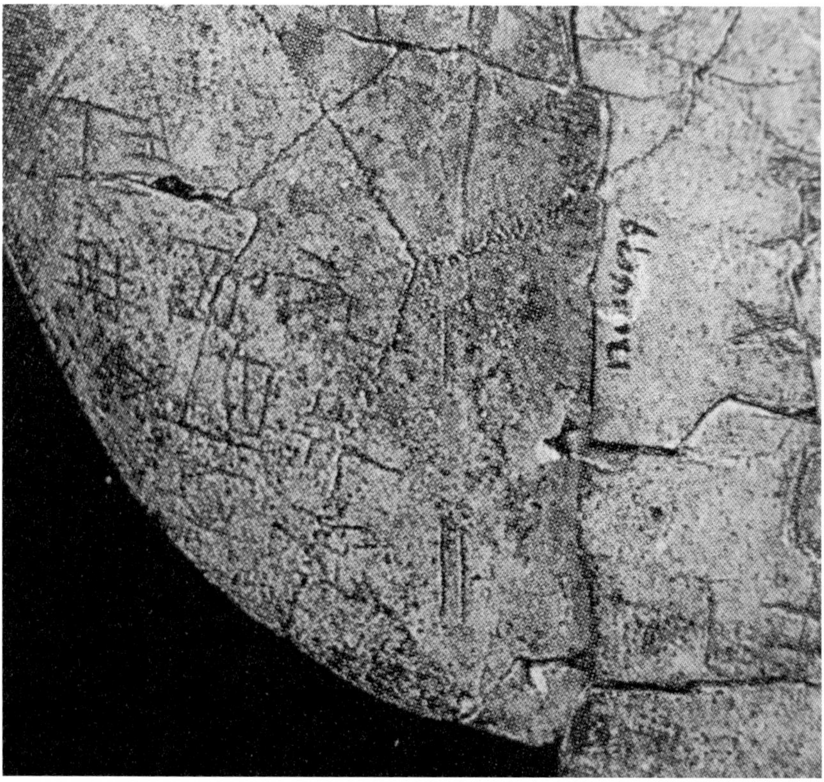

위 형상 옆에 나타난 형상이다.

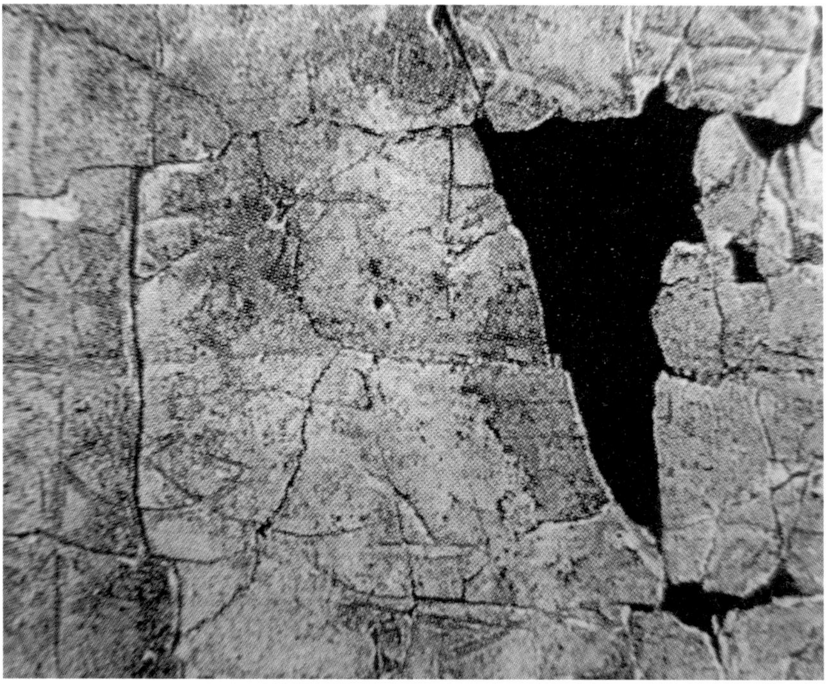

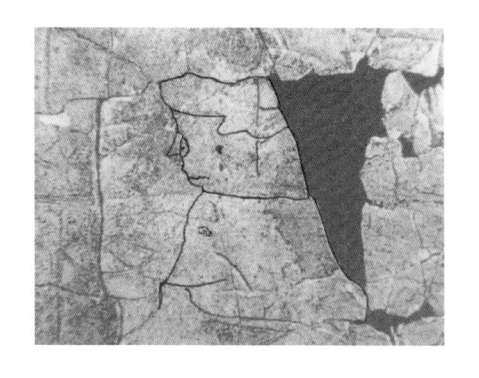

본편 아랫부분에 나타난 형상이다.

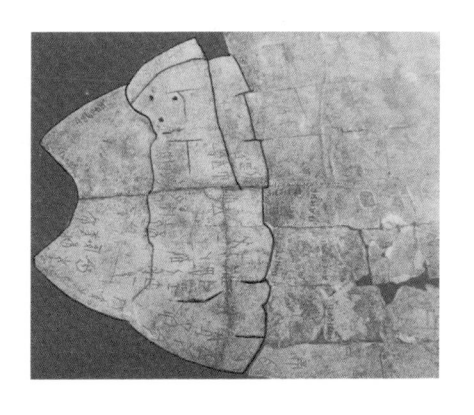

문자가 눈과 입을 표시한다.

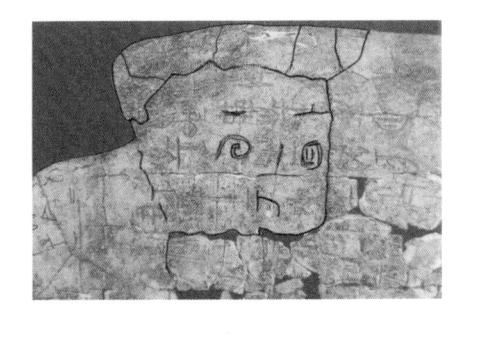

5. 다섯 번째 갑골편

본편은 소의 견갑골이다.

여러 선이 그어져 있고 균열과 구멍이 보이는데, 소뼈에 우연하게 나타나기 어려운 모습이어서 모두 인위적 현상으로 추정된다.

본 갑골편의 뒷면이다.

뼈의 표면을 다듬어 매끄러운 면이 일정 형태를 이루며 일부만 남겨졌다.
표면을 분명한 목적하에 다듬었음이 뚜렷하게 나타난다.

아랫부분이 인물상을 나타낸다.

구멍과 짧은 선이 나타내는 적절한 위치의 두 눈과 입 부위의 홈이 우연하게 생길 가능성은 낮다.

입 부위의 모양은 입을 나타내도록 의도적으로 다듬었음을 잘 보여 준다.

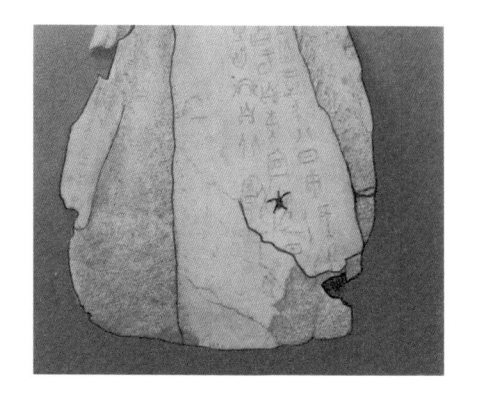

표면의 균열선이 윤곽선을 그리고, 색감이 눈을 표시해 희미하게 인물상을
나타낸다.

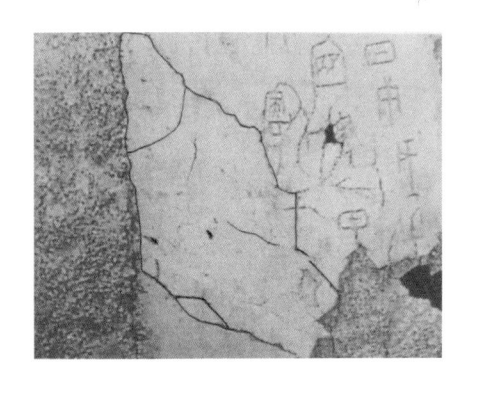

위에 보이는 곳을 옆으로 돌리면 문자가 눈과 입을 표시하는 형상이다.
윗부분에 반대 방향을 향한 인물상이 중첩해 있다.

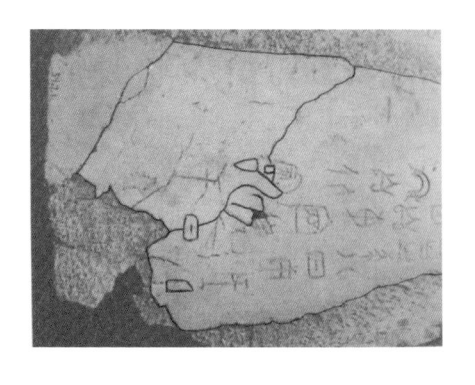

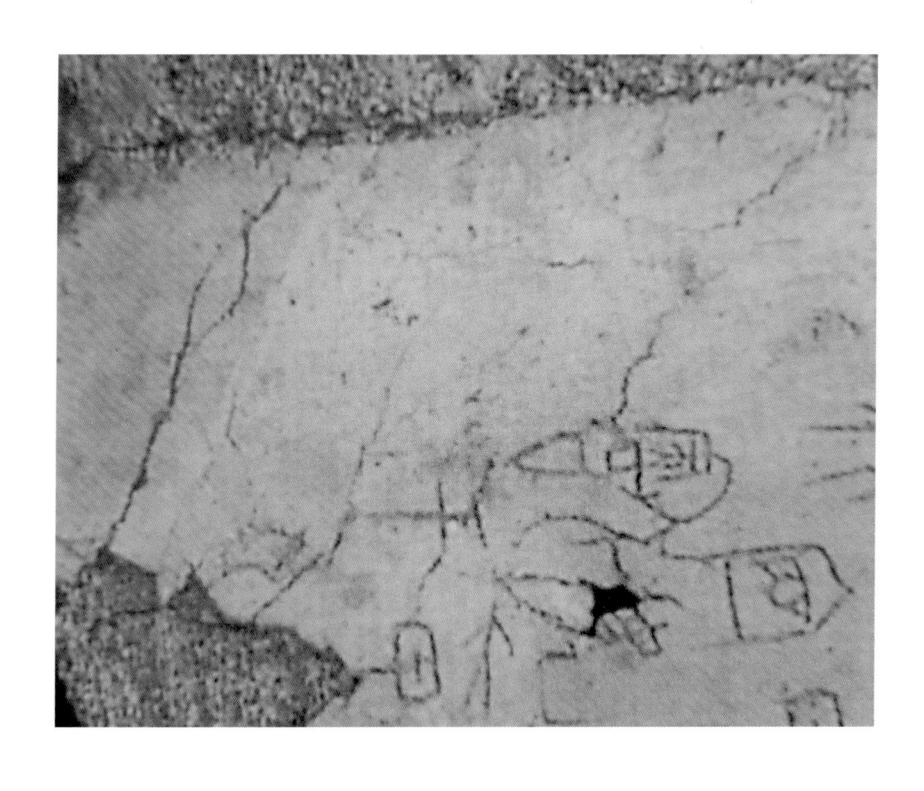

86

위에 보이는 곳을 옆으로 돌리면 위아래로 두 인물상이 중첩해 나타난다.

위에 보이는 곳을 우측으로 돌리면 또 다른 형상이 나타난다.

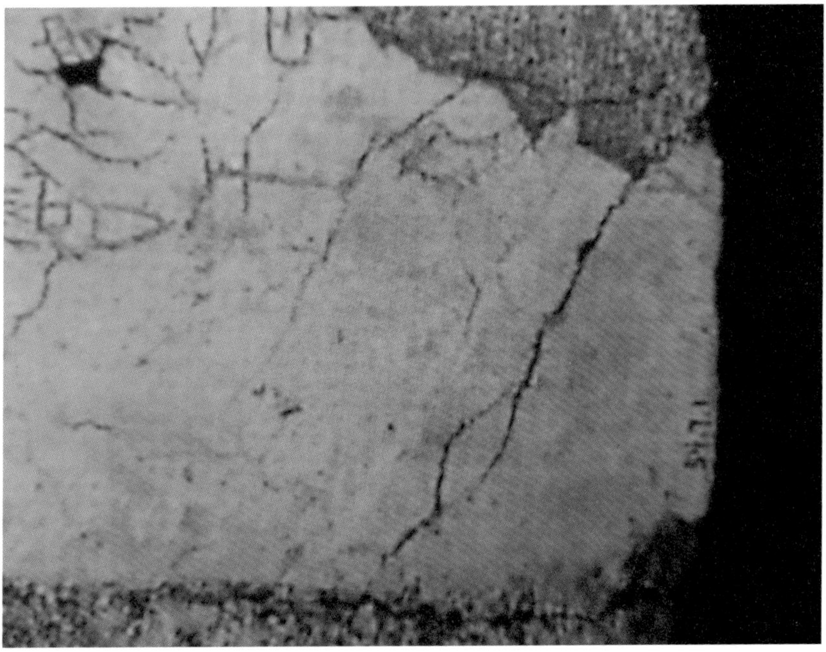

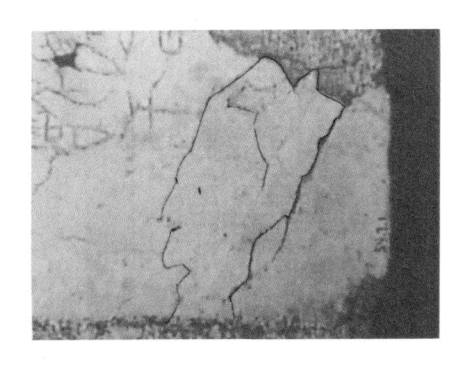

한 지점의 사방으로 모두 인물상이 표현돼 있다.
뛰어난 사고력과 추상 능력이 없이는 가능하지 않을 일이다.

6. 여섯 번째 갑골편

상부만 남은 귀복갑의 위쪽 부분에 굵게 문자가 새겨져 있다.

갑자를 쓴 은허의 인골장이다.

위 형상과 윤곽선을 공유하며 맞물린 인물상이다.

ㅏ 자가 입을 표시한다.

문자가 인물상을 표현하고 있다.

문자가 윤곽선을 나타내며 획이 입을 표시한다.

우측 눈은 문자와 관계가 없어 문자가 우연하게 인물상을 나타낸 것이 아님을 증명한다.

이 형상을 이루는 문자들은 현대 한자로 다음과 같다.[10]

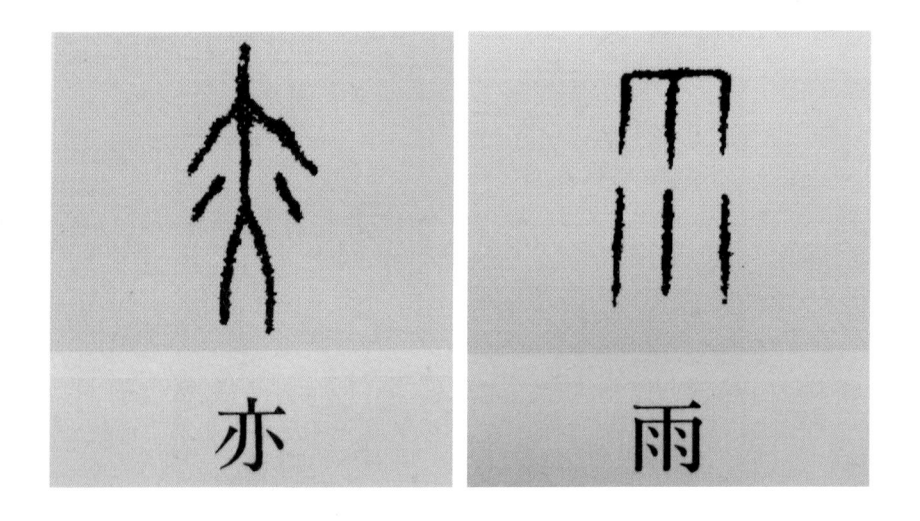

갑골문자가 인물상을 표현하는 기능을 하는 것이 분명해졌다.

본 갑골편은 특이한 점이 있다고 한다.

"대부분 천리로를 중심으로 좌우로 쓰거나 좌우변에서 안쪽을 향해 쓰는 것이 상례인데, 본 복사는 특별하게 기록하였고 주사朱沙로 붉게 칠한 것이 선명하게 남아 있다."[11]

주사로 붉게 칠한 문자가 뚜렷한 인물상을 나타내고 있어서, 상례와 다르고 특별하게 기록한 이유가 해명된 듯하다.

---

10 앞의 책, p. 177~178

11 앞의 책, p. 114쪽

주사로 그려진 붉은 원은 무슨 의미일까?

약간 아래쪽에 위치하나 눈을 나타내는 것으로 보인다.

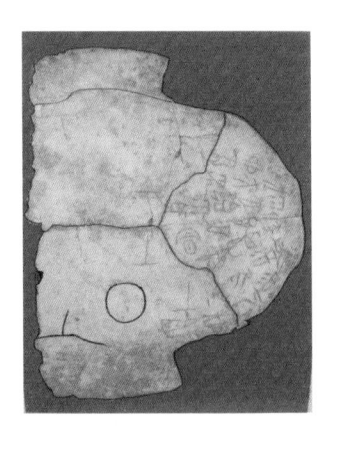

본 갑골편의 뒷면이다.

치봉의 톱니가 서로 맞물리지 않았음이 잘 드러난다.

가운데에 홈을 길게 파고 양옆에 짧은 선을 그어 놓은 인위적인 선으로 보인다.

치봉으로 보이는 선들이 모두 자연적인 갑골의 구조는 아니며, 인위적으로 새겨 놓은 것도 있음이 증명된다.

치봉이 인물상의 앞쪽 윤곽선을 이룬다. 치봉이 아니라 인위적으로 그은 선으로 보인다. 뒤쪽은 주사를 입힌 선이 윤곽선을 이루었다.

돌검을 닮은 문자의 획이 우측 눈을 표시한다.

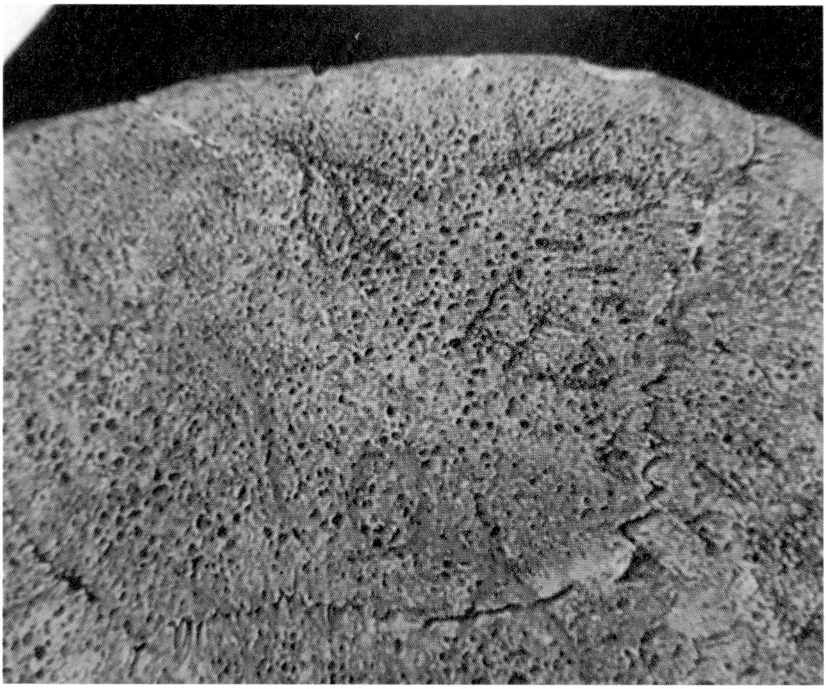

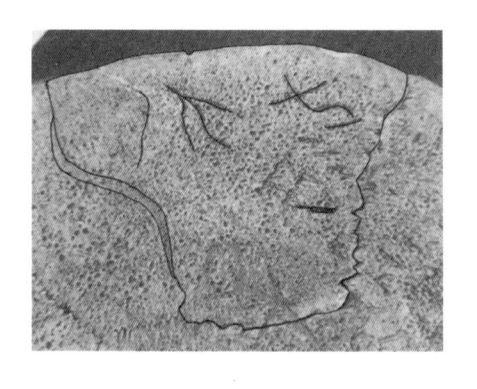

우측 아랫부분에 불로 지지는 홈을 팠는데, 지지지는 않은 모습이다.

이 지점의 앞면 모습을 보자.

卜 자가 선명하게 새겨져 있다. 뒷면에 홈은 팠지만 실제로는 불로 지지지 않았는데 앞면에 卜 자가 나타난 것은, 卜 자가 점을 치기 위해 불로 지진 결과 나타난 선을 따라 새긴 것이 아닐 수도 있음을 의미한다.

위의 ㅏ 자가 형상의 입을 이루었다. ㅏ 자에 이어진 선이 윤곽선의 일부를 나타낸다. 짧은 선이지만 분명한 의도로 그렸음을 알 수 있다.

ㅏ 자가 형상을 새기는 기능을 하고 있음이 잘 나타난다.

색감으로 눈을 표시했다.

뒷면 좌측면의 모습이다.

아래쪽에 불로 지진 듯한 흔적이 보인다.

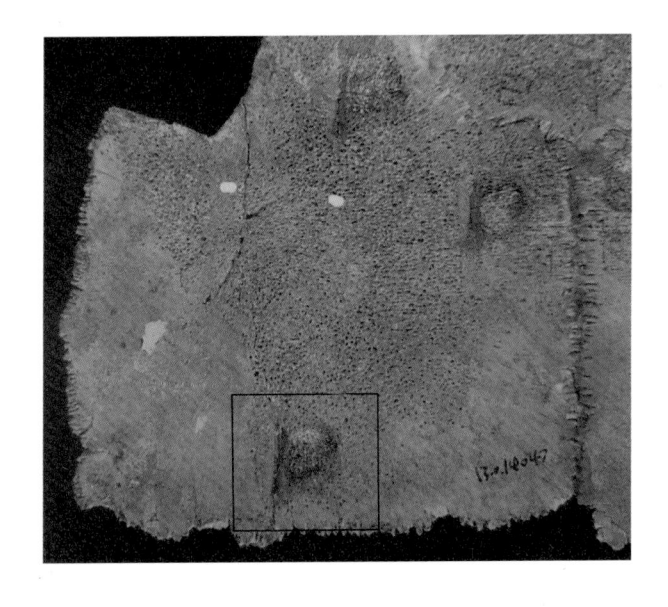

이 지점의 앞면 모습이다.

卜 자와 뒷면에서는 보이지 않던 선이 이어져 있다. 선이 우연하게 그어진 것이 아니며, 卜 자 또한 점을 친 흔적이기만 한 것은 아님이 분명하다.

ㅏ 자가 인물상의 윤곽선과 입을 나타낸다.

검은 점과 흰 점이 눈을 표시한다.

ㅏ 자를 형상을 새기는 기능을 위해 새겼음이 잘 드러난다.

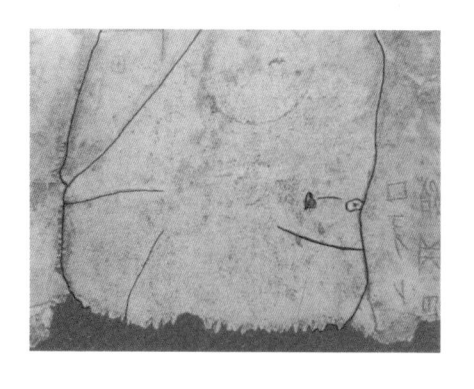

위의 ㅏ 자와 이어진 선이 인물상의 윤곽선을 그린다.

선 또한 인물상을 새기기 위해 의도적으로 그었음이 분명하다.

7. 일곱 번째 갑골편

본편은 길이 28㎝ 정도인 외뿔소 늑골이다.

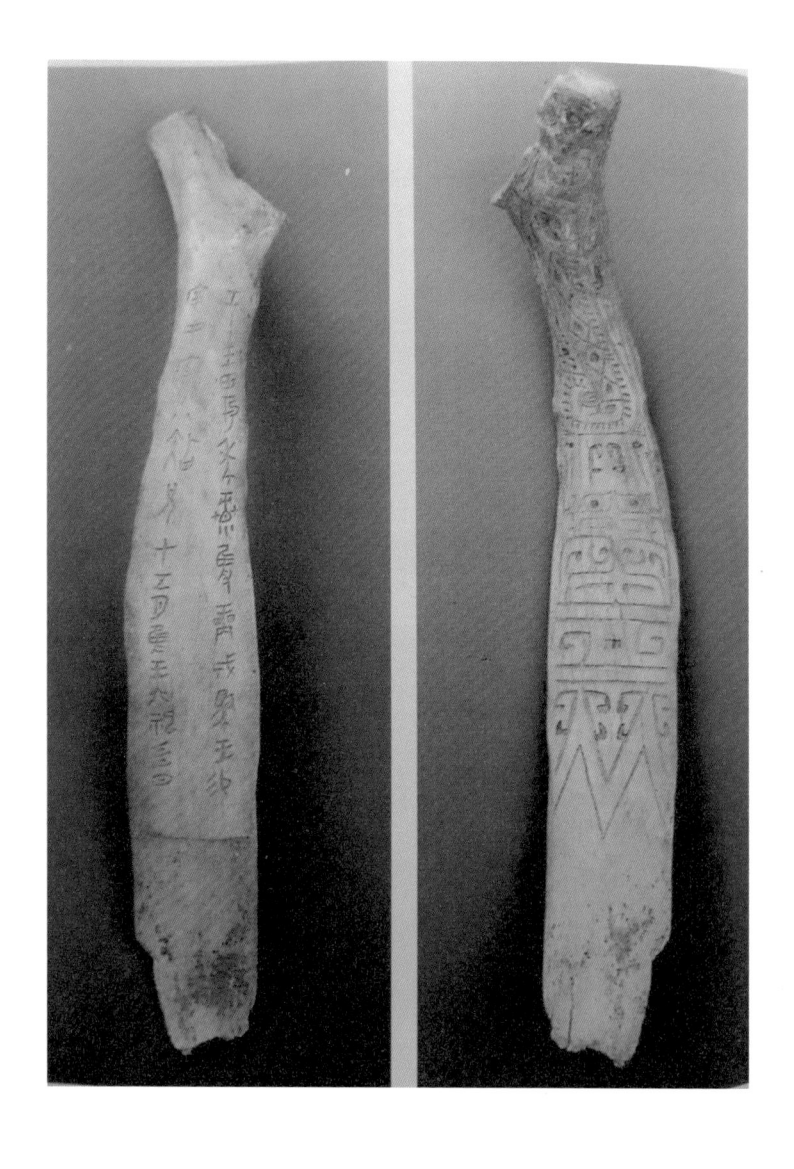

확정할 수는 없으나 외곽에 길게 두른 두 선이 윤곽선을 이룬 인물상으로 보인다.

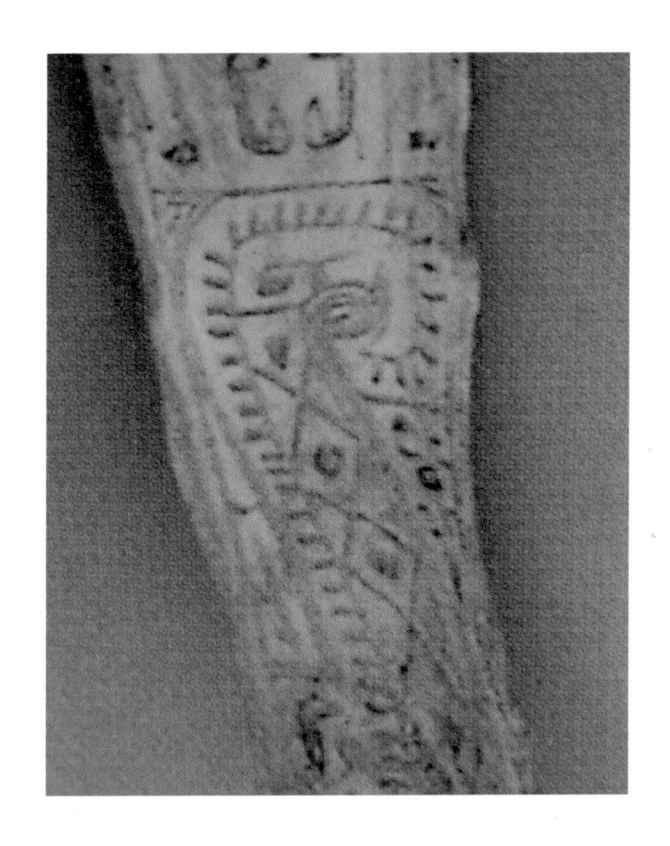

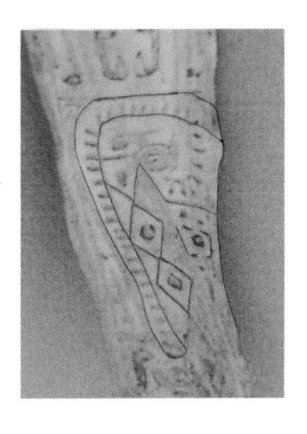

8. 여덟 번째 갑골편

본편은 전체 길이 약 30㎝의 대형 복갑의 상부만 남아 있다.
전체로 인물상을 나타낸다. 상부만 남긴 이유가 분명하게 드러난다.

선이 그어져 인물상의 윤곽선을 이루고, 턱부위에서 원형을 그리며 턱을 표시
한다. 선이 그어진 분명한 이유가 있음을 알 수 있다.

문자가 눈과 코, 입을 이룬다.

중앙 부분에 숨겨진 듯 나타난 인물상이다.

숫자 三의 획이 좌측 눈을 나타낸다.

머리 윗부분의 문자가 상투를 나타내는 것처럼 보인다.

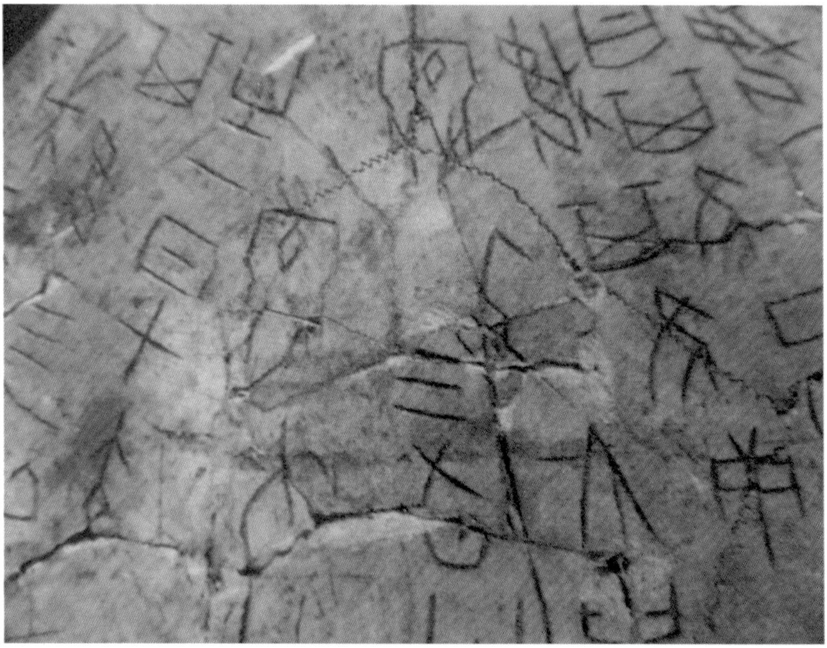

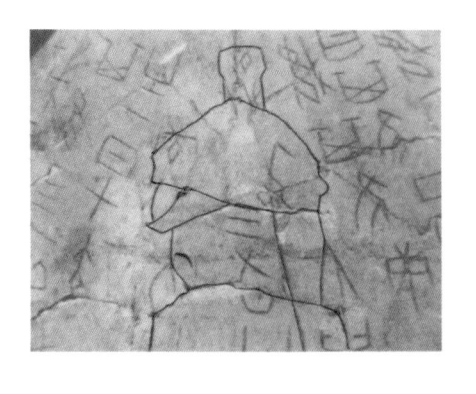

우측에서 바라본 형상이다.

선을 그어 입을 표시하고 문자인지 불분명한 선이 눈을 나타낸다.

내부에 다른 형상이 중첩해 있다.

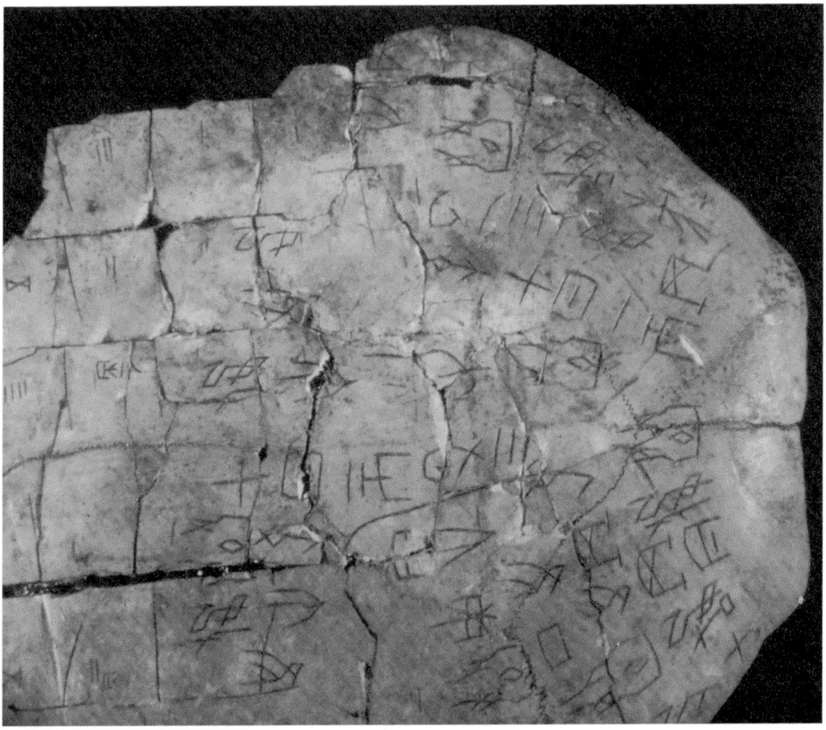

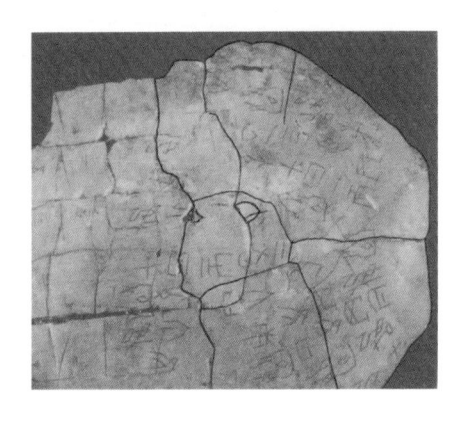

위 형상 내부에 중첩해 있는 형상이다.

위 형상 안에 중첩해 있는 형상이다.

한 형상 안에 다른 형상이 포함되어 중첩해서 인물상을 표현하고 있다.

9. 아홉 번째 갑골편

본편은 볼록하게 나온 귀배갑을 반으로 자른 우측 부분으로 우배갑이다. 여러 칸으로 나뉘어져 있고, 중앙 부분에는 글이 쓰여 있지 않다.

윗부분을 거꾸로 보면 구멍이 눈을 나타내는 인물상으로 보인다.

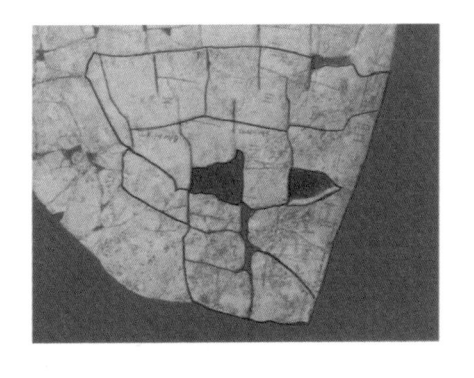

위 형상 아랫부분에 중첩된 인물상이 나타나 있다.

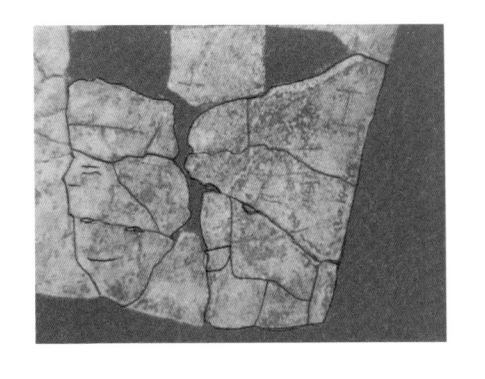

위 지점을 거꾸로 봐도 형상이 나타난다.

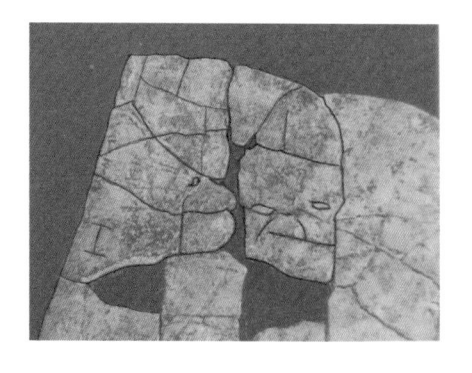

옆에서 본 것으로 나뉘어진 칸들이 어우러져 형상을 나타낸다.

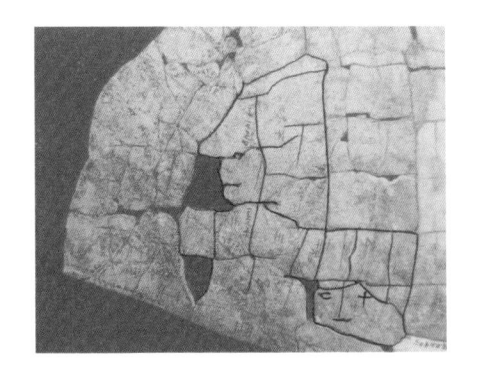

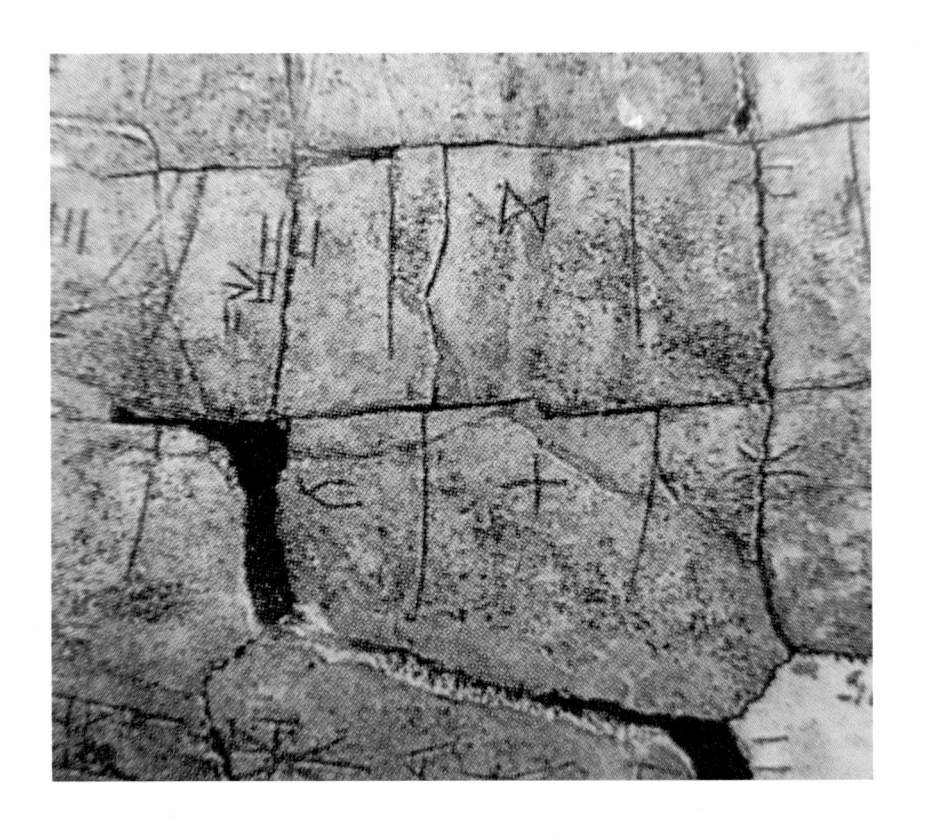

네모 칸 안에 나타난 인물상이다.

10. 열 번째 갑골편

귀배갑 앞면과 뒷면의 불로 지진 흔적이다.

뒷면 불로 지진 위치 앞면에 卜 자가 새겨져 있다.

둥그런 구멍에 대해 꿰어서 정리하기 위한 것이라 설명한다. 그러나 다른 갑골편에는 나타나지 않고, 꿰려면 형태와 크기가 비슷해야 하므로 설득력이 없다. 구멍의 용도는 무엇일까?

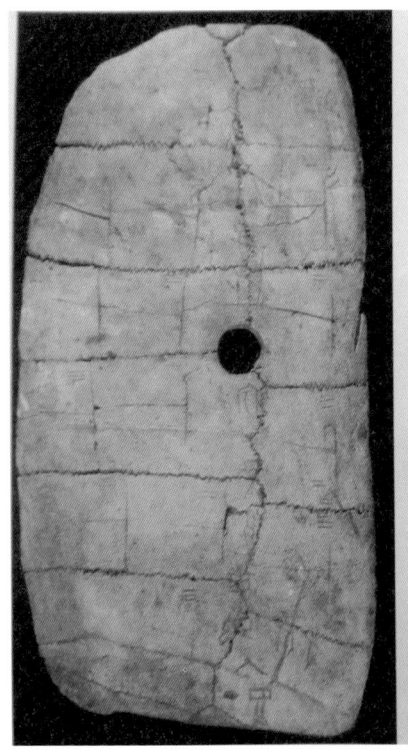

앞면의 卜 자의 획들이 길게 서로 연결되거나 다른 선과 이어져 있다.

점을 치기 위해 뒷면을 불로 지진 후, 나타난 卜 자의 선을 따라 새겼다는 설명과 일치하지 않는 모습이다.

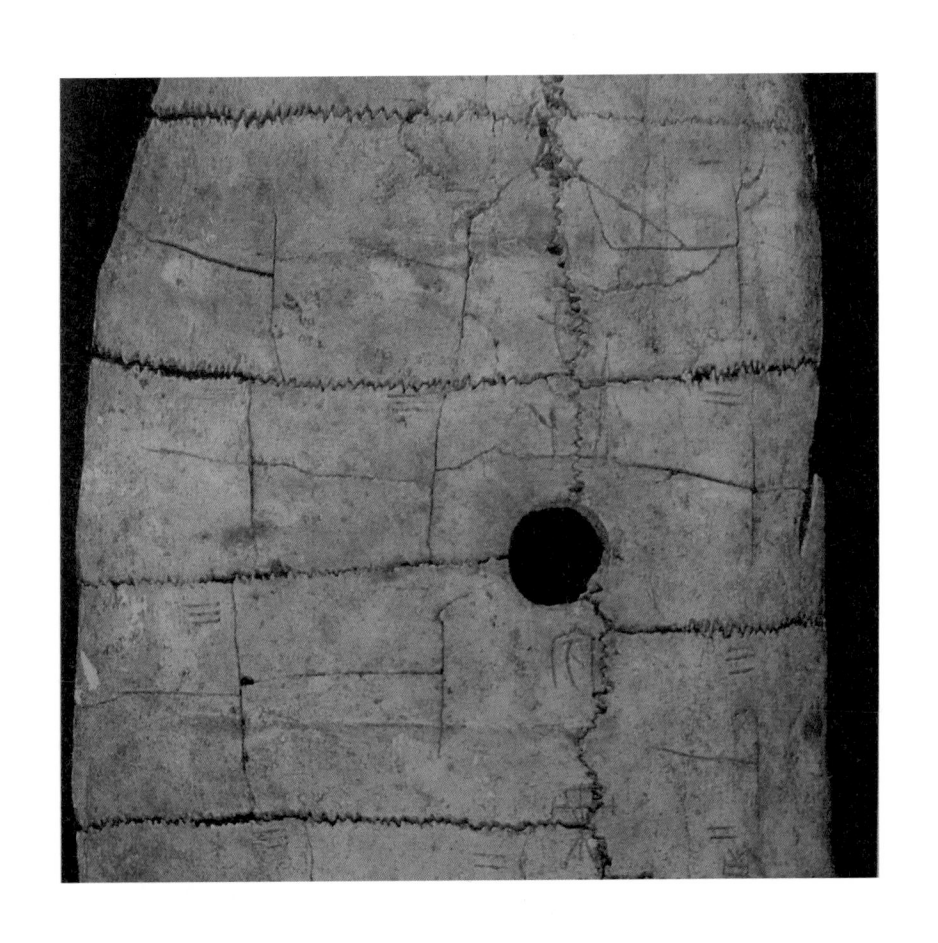

세로로 치봉을 따라 문자가 쓰여 있다.

반듯한 넓은 면을 두고 무슨 문자인지 알아보기 어렵게 치봉에 쓴 이유는 무엇일까?

치봉이 단순한 귀갑의 자연적인 구조의 선이 아닐 수 있음을 시사한다.

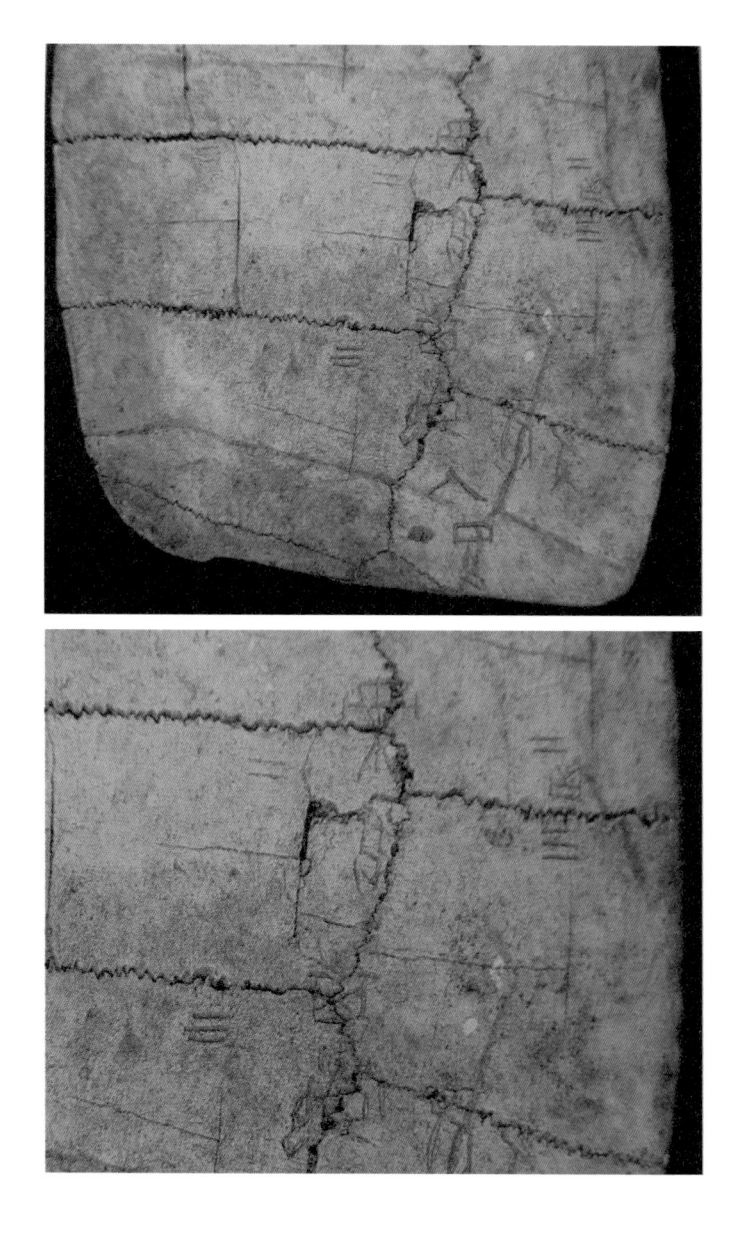

두 인물상이 맞대면해 나타나 있다.

치봉과 ㅏ 자가 윤곽선과 눈, 입을 표현하는 기능을 한다.

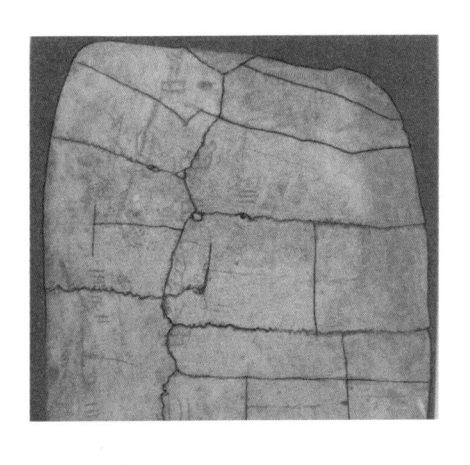

ㅏ 자의 획이 다른 선과 이어지며 치봉과 함께 윤곽선을 이룬 인물상이다.
치봉에 홈을 새겨 눈을 나타냈다.

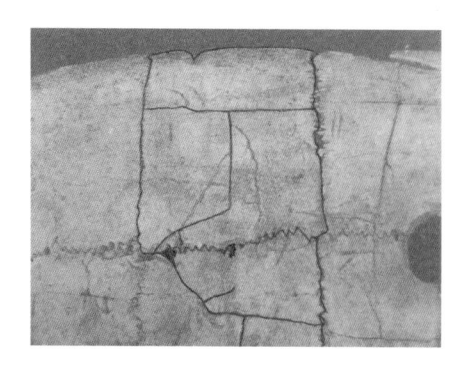

두 ㅏ 자의 획이 서로 이어지며 인물상의 윤곽선을 이룬다.

색감으로 눈과 코, 입을 나타냈다.

ㅏ 자가 인물상을 표현하는 기능을 함이 증명된다.

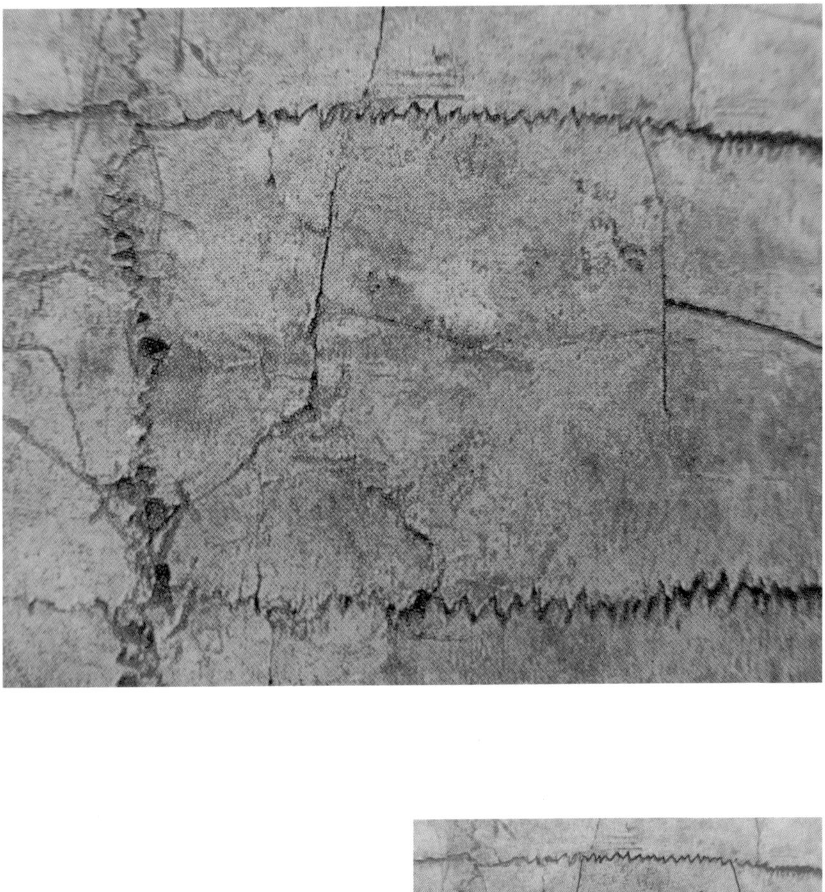

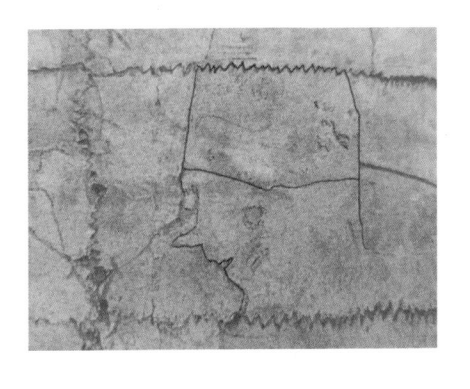

아래쪽에 길게 홈이 새겨졌는데 다른 갑골편에서는 유사한 모습을 보지 못했다.

구멍과 어울리니 구멍이 눈을, 홈이 입을 표시하는 형상이 선명하다.

다른 갑골편에서는 보기 어려운 구멍이 뚫린 이유가 설명된다.

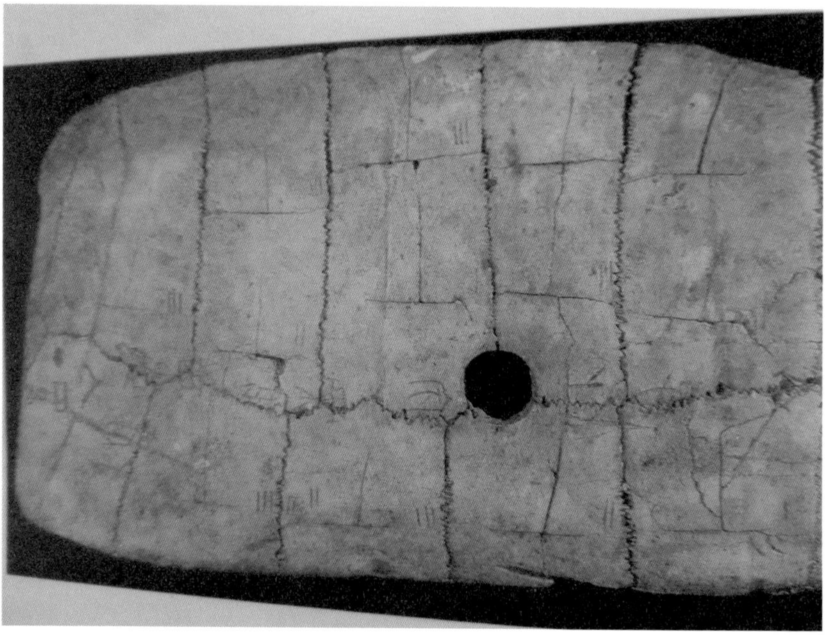

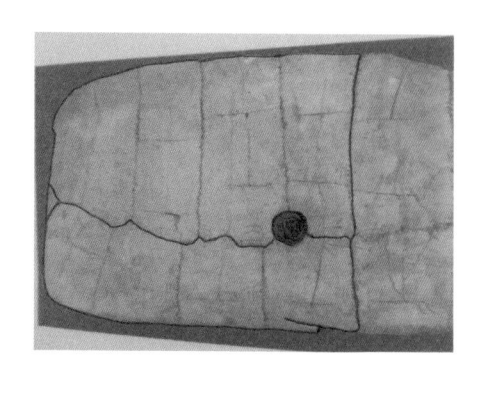

본 갑골편의 뒷면을 살펴보자.

이어진 치봉의 윗부분은 톱니의 날이 선명하고 큰데, 아랫부분은 균열선이다. 다른 갑골편과도 달라서 자연적인 구조로 보기 어렵다.

위의 치봉과 평행을 이룬 옆의 치봉이 앞쪽 윤곽선을 이룬 인물상이다. 치봉
톱니가 선으로 변해 길게 뻗어 코를 나타냈다.

이마 부위에도 치봉의 톱니가 코를 나타내는 작은 형상이 중첩해 있다.

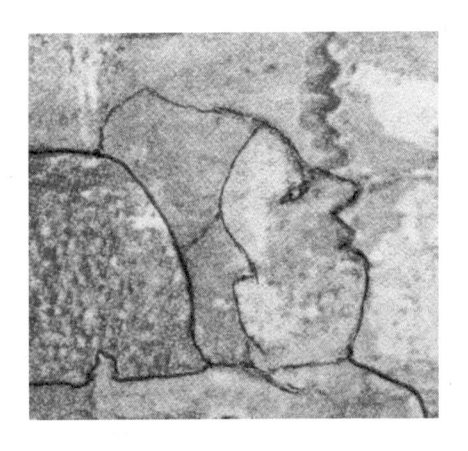

본편의 치봉이 자연적인 귀갑의 구조가 아닌 것이 증명된다.

다른 귀갑에 나타난 모든 치봉이 그런지는 불확실하며, 조사가 필요해 보인다.

선이 인물상을 그린다.

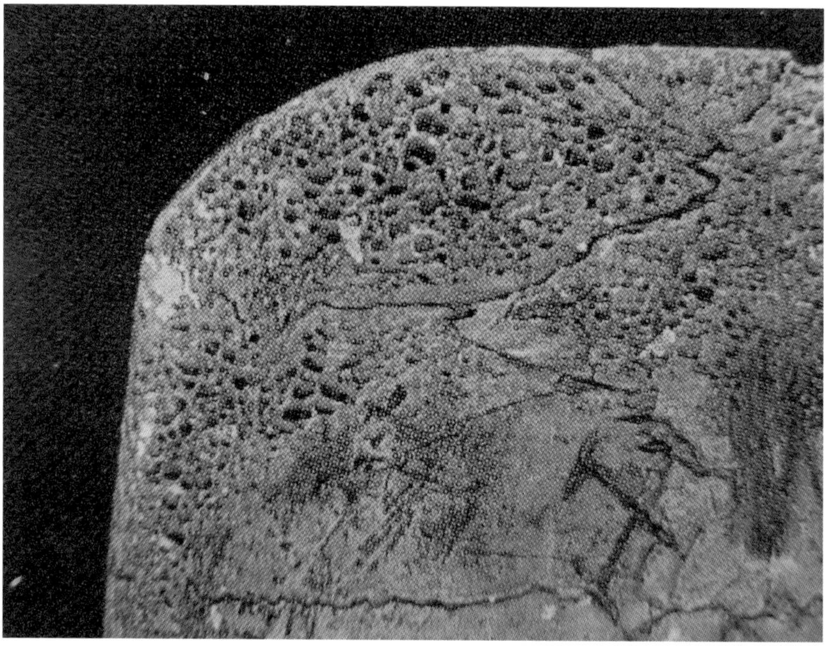

11. 열한 번째 갑골편

귀갑의 뒷면이며 치봉을 따라 분리된 듯한 조각이다.

뚜렷하지는 않으나 윗부분이 얼굴을, 아랫부분이 몸통을 나타내는 인물상으로 보인다.

주사로 그린 붉은 선이 머리카락을 구분하는 기능을 하는 듯하다.

옆으로 돌리면 위 형상의 머리카락을 구분하는 선이 윤곽선을 이루고, 두 홈이 눈을 표시하는 인물상이다.

12. 열두 번째 갑골편

귀갑의 뒷면 조각인데 치봉이 가지런하지 않다.

톱니도 너무 크며 들쑥날쑥하다.

치봉이 아니며 인위적으로 새긴 것으로 추정된다.

아랫부분으로 두 인물상이 마주 보며 겹쳐 나타나 있다.

위에 보이는 곳을 거꾸로 살펴보자.

유사하게 두 인물상이 겹쳐 있다.

우측 부분 인물상의 뒷부분 윤곽선을 이루는 홈은 불로 지져 점을 치기 위해 판 홈이다.

이 홈이 인물상을 조성하는 기능을 하고 있다.

홈이 점을 치기 위해 판 것이 아닐 수도 있음을 시사한다.

주사로 쓴 문자의 획이 눈을 나타내는 것이 뚜렷하다.

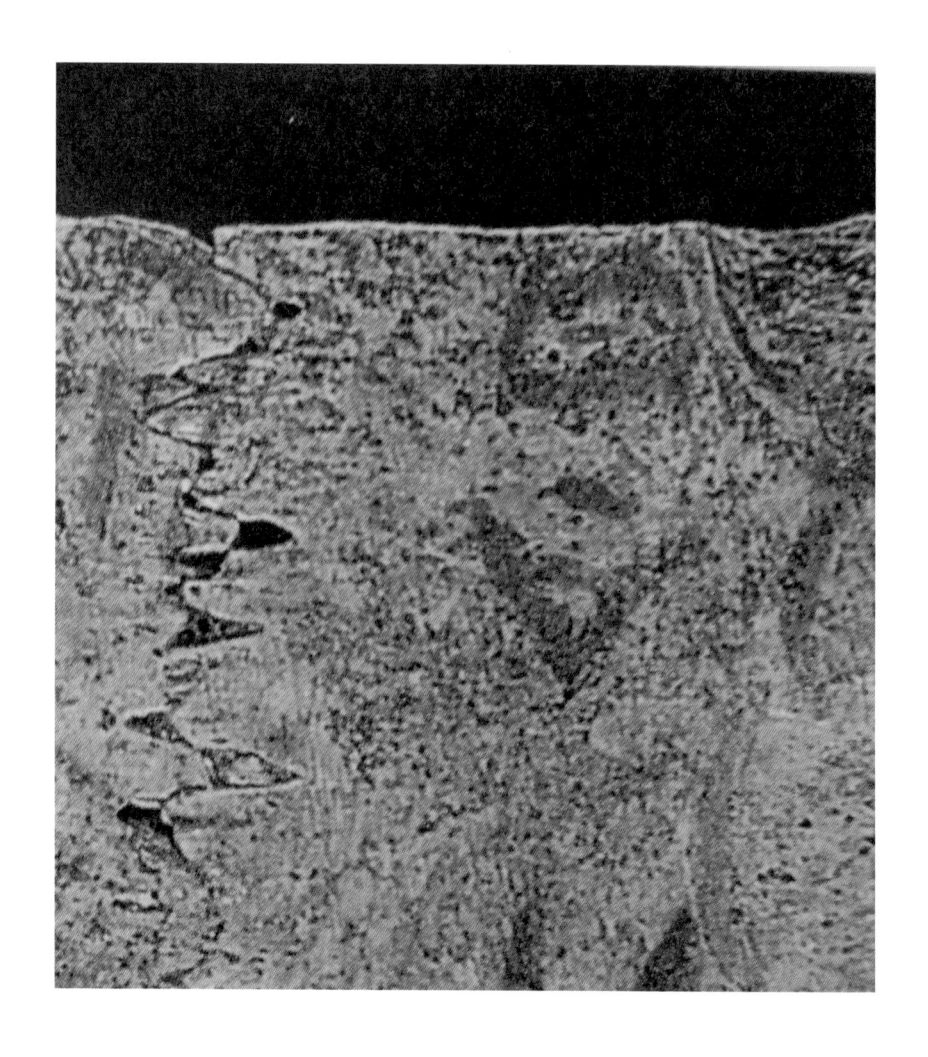

본 갑골편이 온전한 형태의 귀갑이 아님에도 주목받는 것은 주사로 쓴 문자가 남아 있기 때문으로 보인다.

이 문자가 인물상을 표현하는 기능을 하고 있어, 갑골문자가 사람형상을 새기고 있음이 증명된다.

위 형상 아래에, 위 형상의 입이 눈으로 변해 형성한 인물상이 중첩해 있다.
톱니처럼 돌출된 선들이 위아래로 중첩된 인물상의 윤곽선을 이루고 있다.

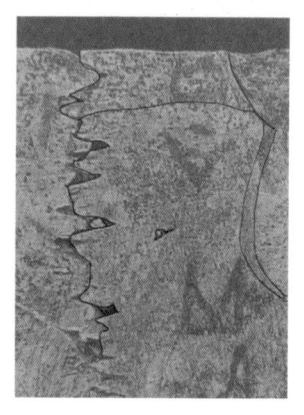

점을 치기 위해 판 것으로 알려진 홈이 인물상을 새기는 기능을 한다.
치봉처럼 보이는 톱니 형태의 선 또한 인물상을 새기는 기능을 한다.
갑골편이 점을 치는 용도가 전부가 아님을 증명한다.

다른 방향에서 바라본 것이다.

치봉이 아랫부분 윤곽선을 이룬 인물상이다.

이마 부위에 인물상이 중첩해 있다.

이마 부위에 나타난 위 형상의 좌측 눈이 입을 이룬 인물상이다.

13. 열세 번째 갑골편

사슴 머리뼈에 귀복갑의 치봉과 유사한 선이 나타나 있다.

머리뼈 연결 부위의 봉합선이 불규칙하다.

자연적인 선인지 의문이다.

옆에서 보면 나타나는 형상들을 살펴보자.

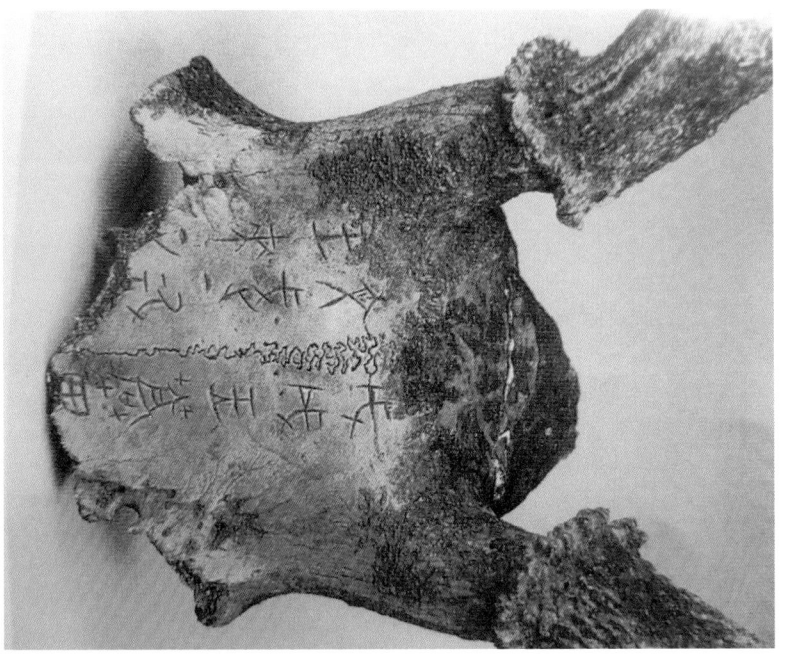

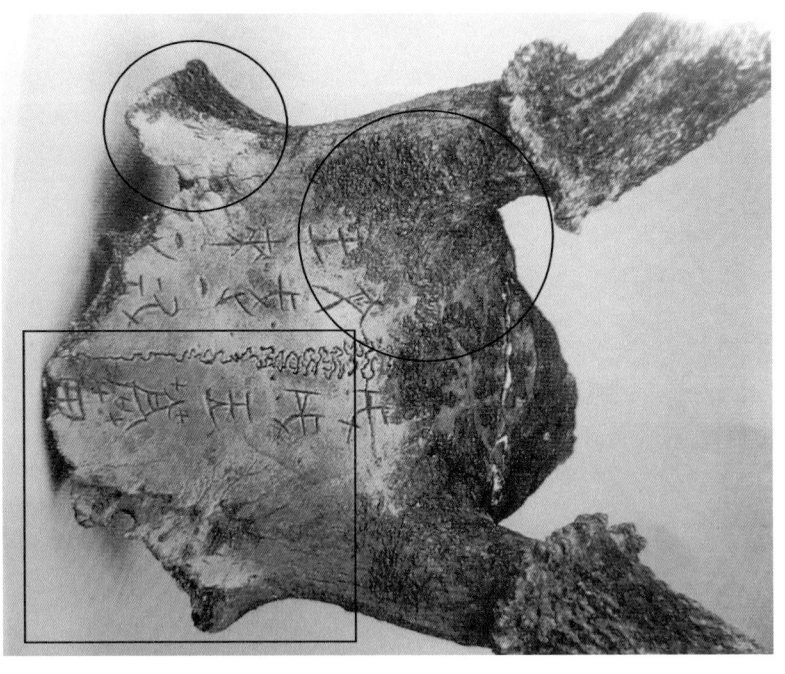

사슴 눈의 자리로 보이는 한쪽이 열린 원형의 구멍이 눈을 표현하는 인물상
이다.

치봉과 유사한 선이 윤곽선을 이룬다.

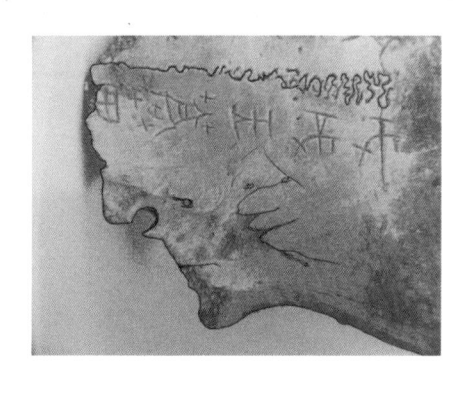

매끈하게 다듬어진 부분의 경계가 윤곽선을 형성하는 인물상이다.

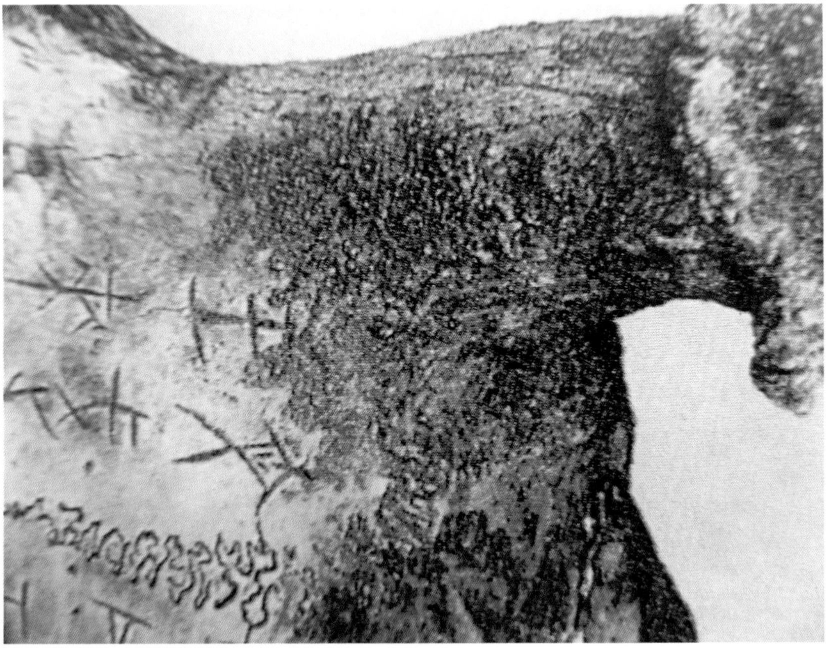

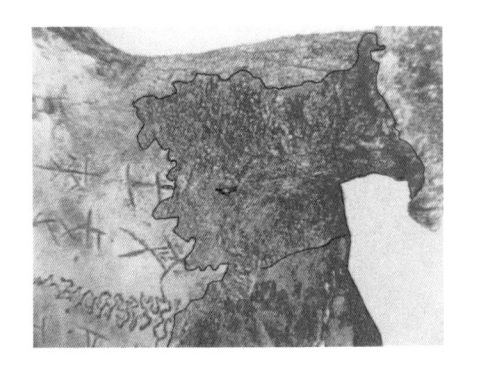

인형처럼 조각된 형상이다.

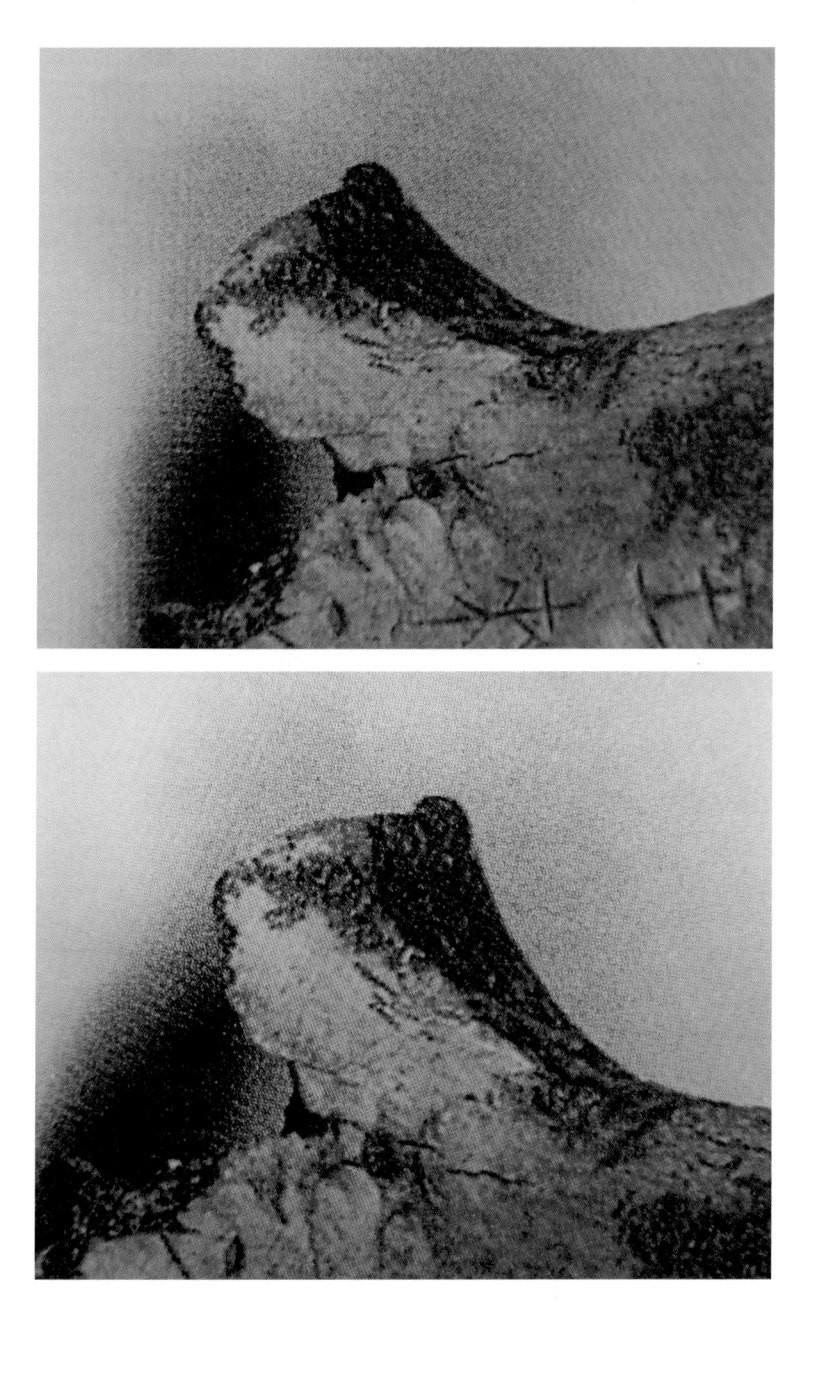

뚜렷한 인물상이다.

두 홈이 눈을, 문자가 코와 입을 나타낸다.

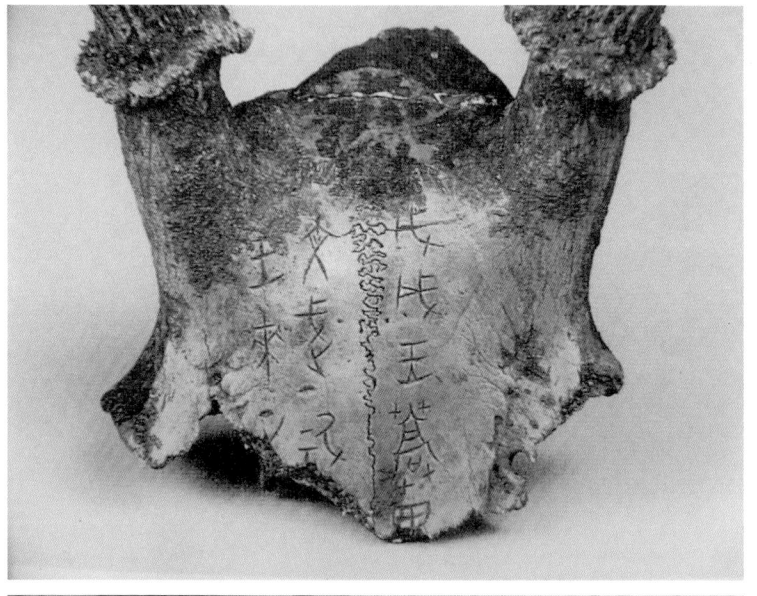

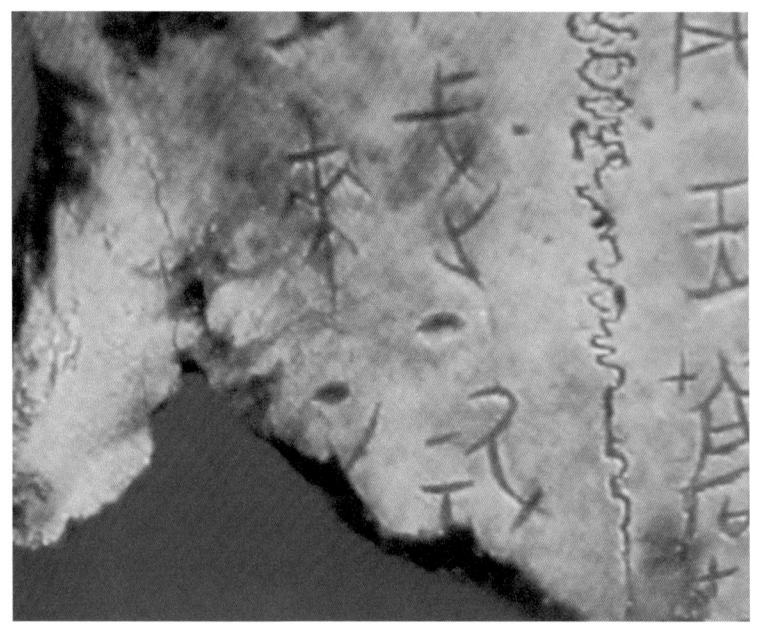

14. 열네 번째 갑골편

치봉으로 나뉜 위아래의 색이 상이하다.

한 복갑의 색이 치봉을 경계로 이처럼 다를 수 있을까?

한쪽의 색감을 변화시키거나 아니면 서로 다른 조각을 다듬어 붙여 놓아야 가능한 형태다.

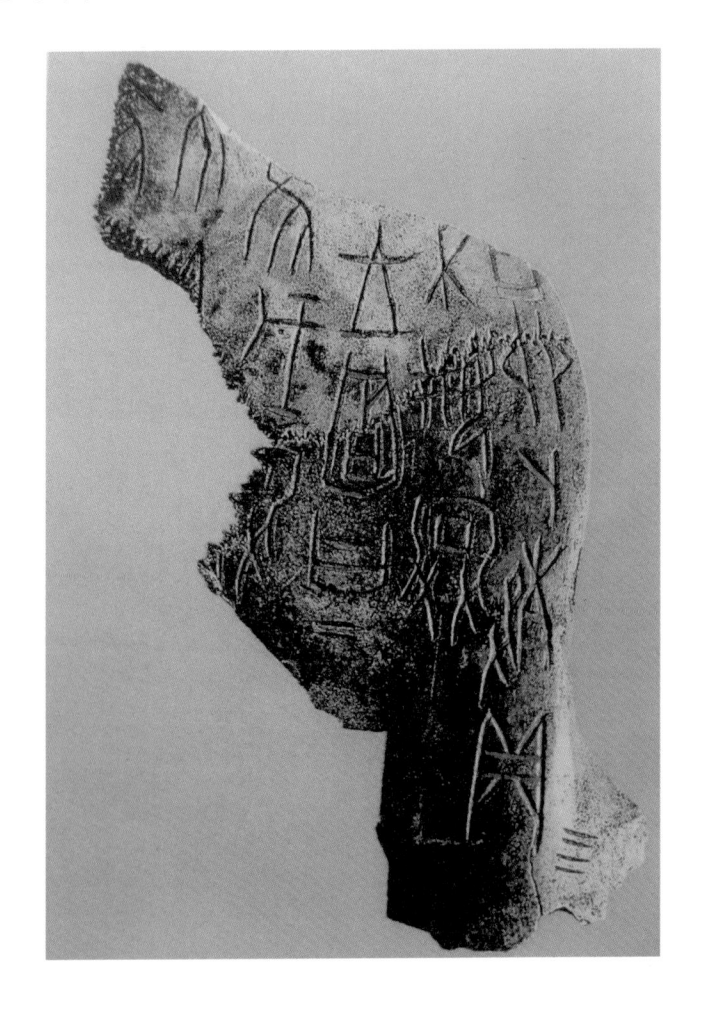

인물상의 형태이며, 깊게 새긴 문자가 눈, 코, 입을 표시하는 듯하다.

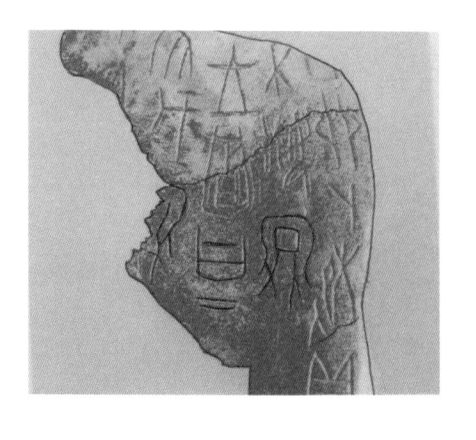

거꾸로 보면 나타나는 치봉이 코와 입을 표시하는 뚜렷한 인물상이다.

맨 아랫부분 튀어나온 부분에 특이한 형태로 표현된 인물상이다.

15. 열다섯 번째 갑골편

갑골문 출토 이래 가장 큰 귀판으로 길이 44㎝, 너비 35㎝다.

말레이시아 반도에서 산출된 특수 품종으로 밝혀졌다.

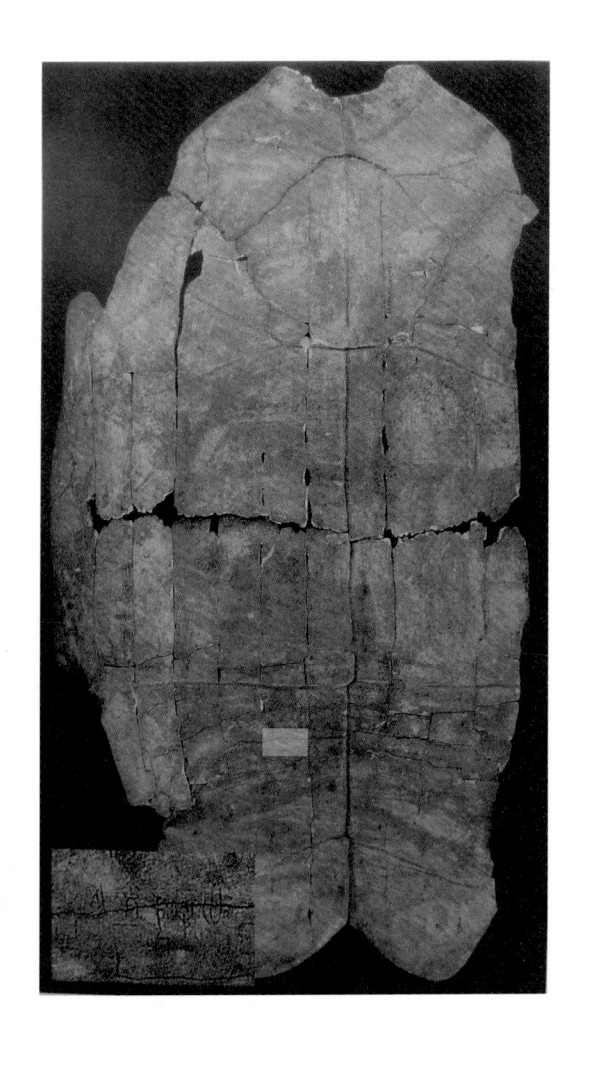

넓고 반듯한 표면에는 문자가 나타나지 않고 균열선에 맞추어 작게 새겨져 있다.
다른 갑골편과 많이 다른데, 이유가 있을 것으로 생각된다.

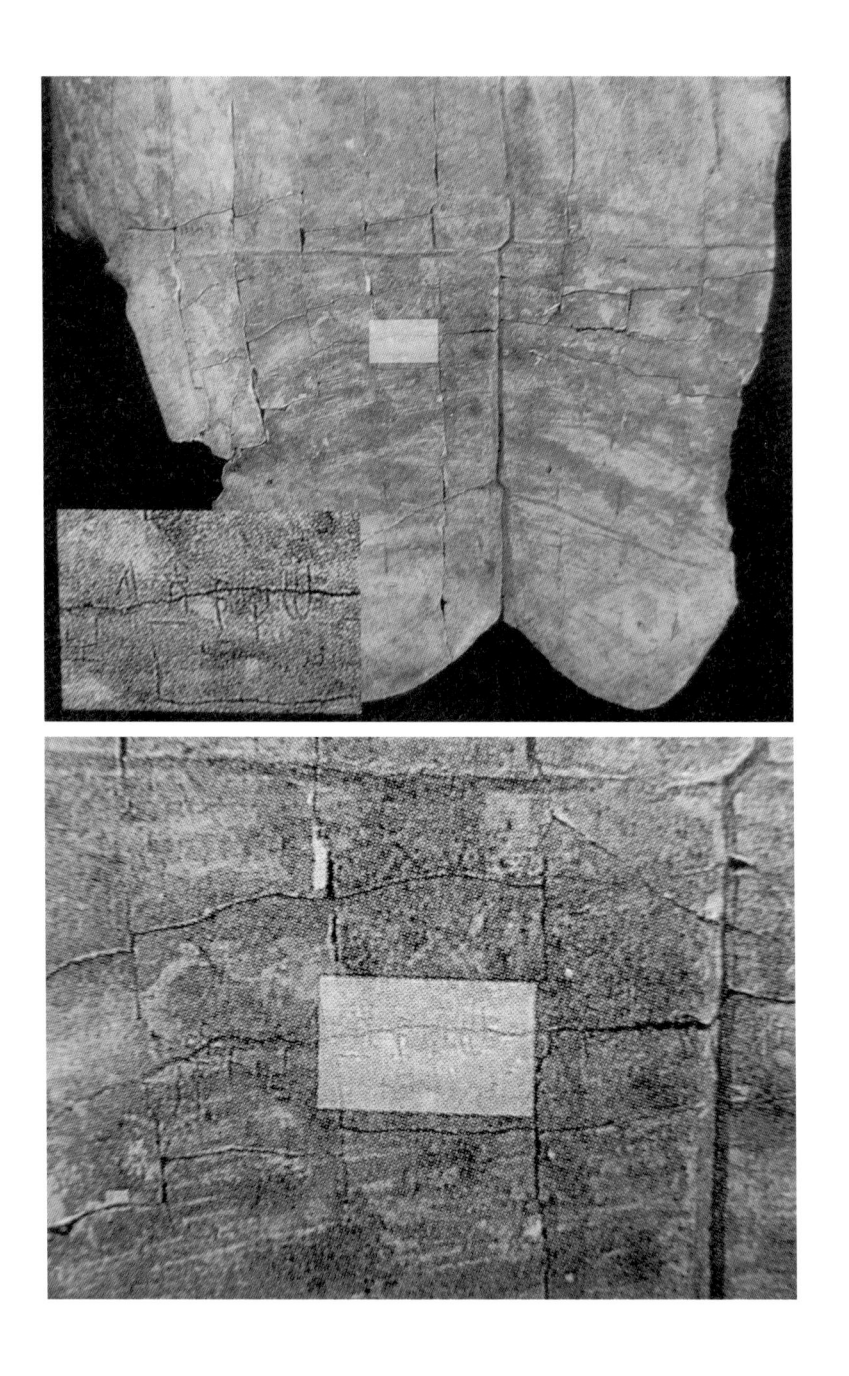

1) 선이 그린 형상

귀복갑 중앙을 상하로 관통한 선을 천리로라 한다.
그런데 본편의 천리로는 일부가 끊겨 있다.

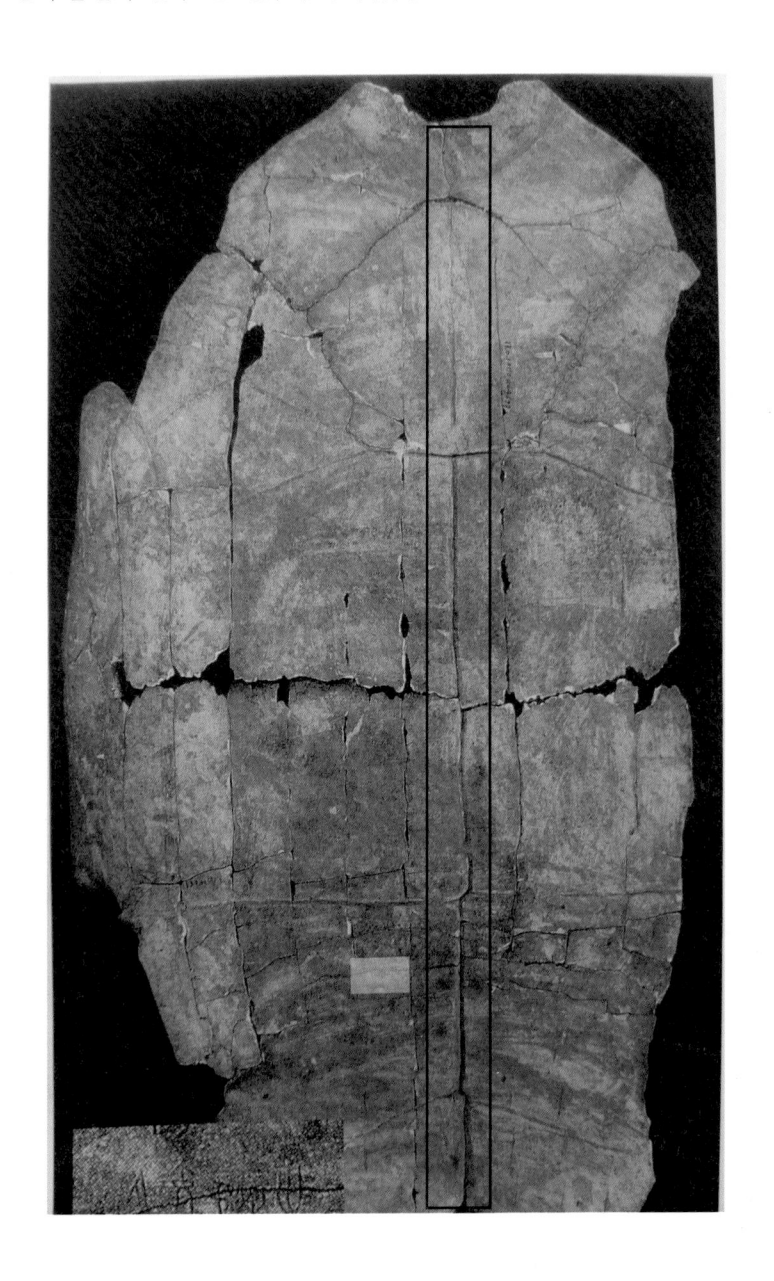

천리로가 귀갑 구조에 따른 봉합선이라면 일부가 끊길 수 없다.
선을 인위적으로 그었음이 증명된다.

본편은 말레이시아 반도의 특수종이므로 이것만 가지고 모든 귀복갑의 천리
로가 자연적이 아닌 인위적인 선인 것으로 단정할 수는 없다.
그러나 천리로를 인위적으로 그은 본편의 경우, 천리로뿐 아니라 복잡하게 새
겨진 선이 대부분 인위적으로 그어졌을 것을 추정케한다.

천리로와 이어진 같은 두께의 가로선도 모두 인위적으로 그은 선일 것이다. 네모 형태를 나타내는 균열선처럼 보이는 가는 선들도 모두 인위적으로 그어졌음은 자명하다.

한쪽이 붙어 있어서 부러진 것도 아닌데, 가로로 거의 분리된 것도 인위적인 현상으로 보인다. 뒤에서 살펴보겠지만 형상을 표현하기 위한 것으로 판단된다.

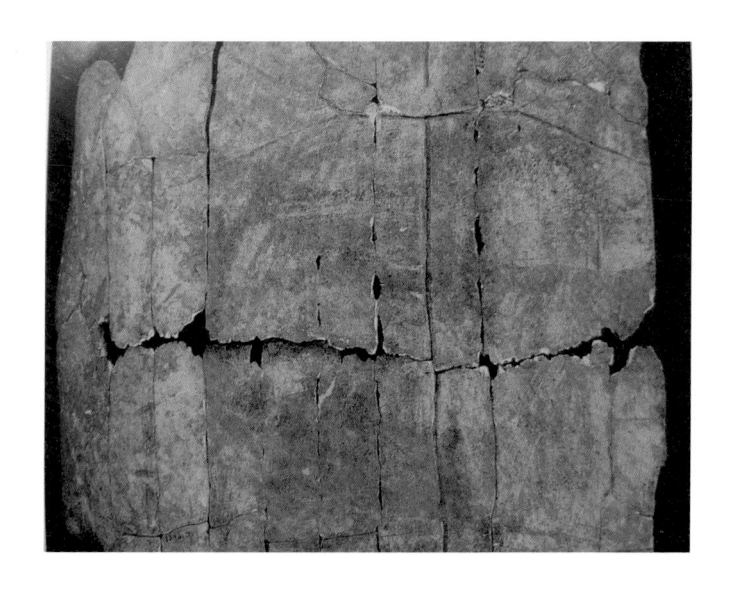

선이 반대 방향을 향한 두 인물상을 이룬다.

앞에서 선이 이룬 형상을 많이 살펴봤다.

본편에서는 이런 선들이 자연적인 균열이 아니라 인위적으로 그어졌음이 증명되었으므로, 선으로 새겨진 인물상도 의도적으로 조성되었음이 입증된다.

다음은 선을 이루는 홈이 눈과 입을 표시해 인물상을 새기는 기능을 한다.

양방향으로 형상이 나타나 있다.

숨기듯 나타난 형상이다.

뚜렷하지 않게도 형상을 새기고 있음을 알 수 있다.

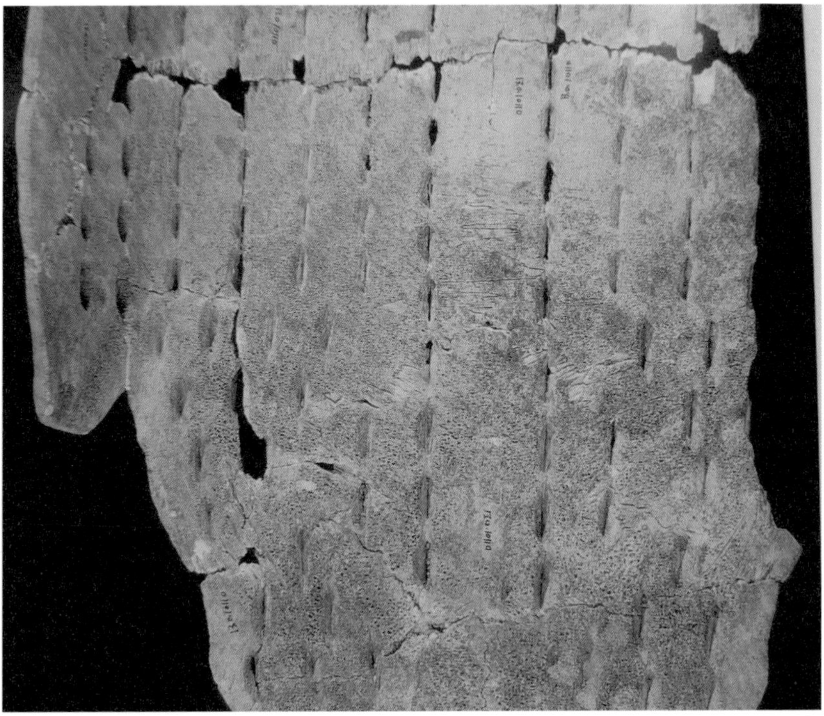

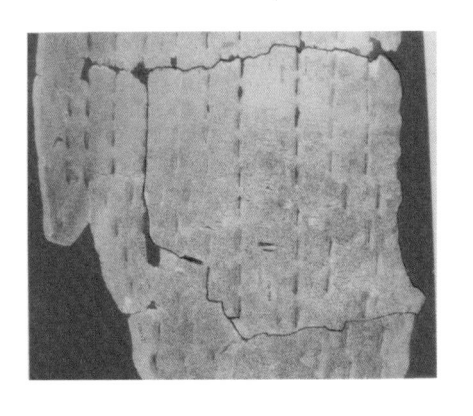

홈이 두 눈과 입을 표시하는 뚜렷한 인물상이다.

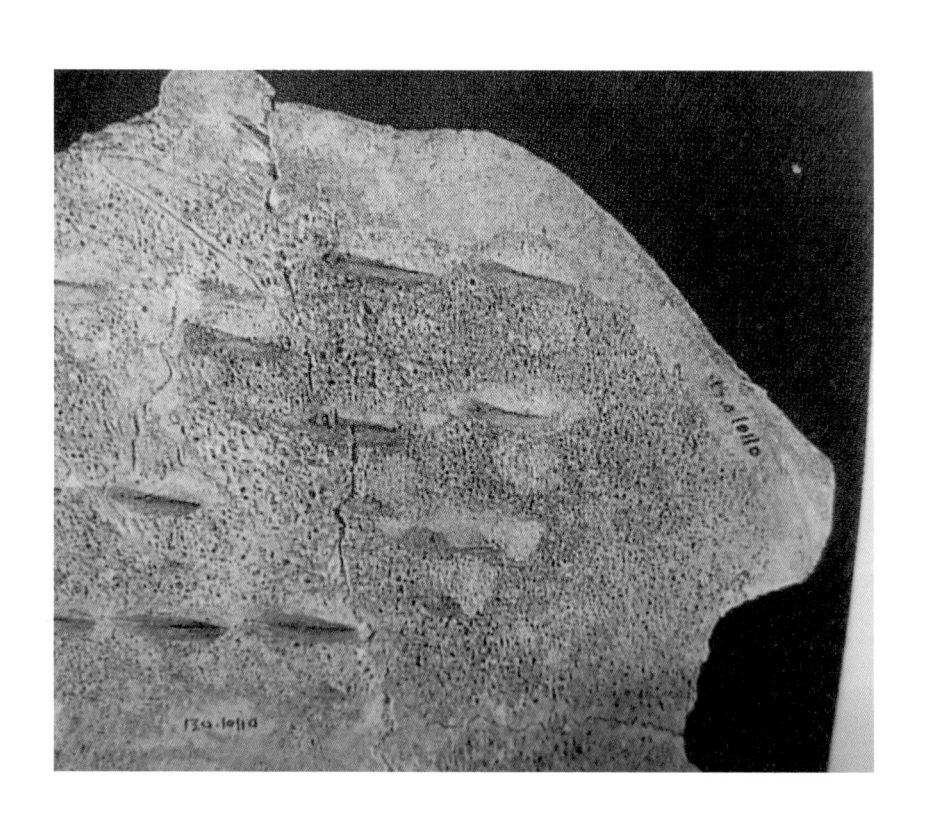

선과 잘린 부분이 어울려 윤곽선을 이룬 인물상이다.
홈이 두 눈과 입을 표시한다.

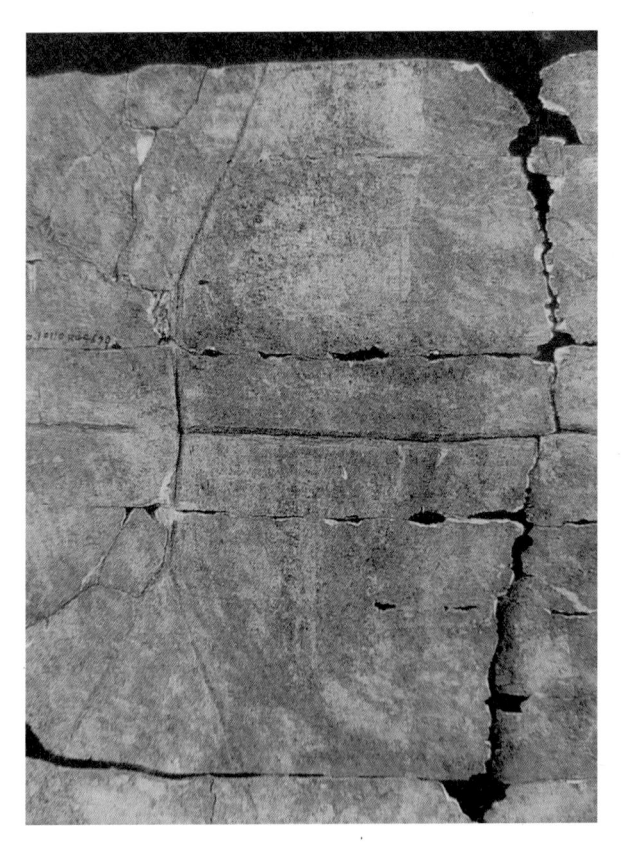

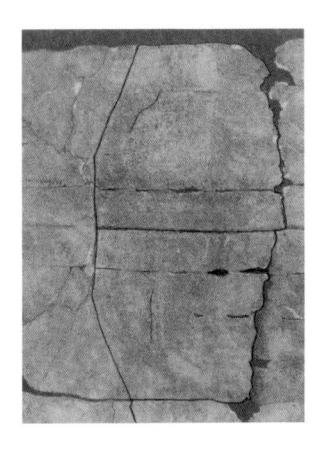

선이 이룬 작은 사각형 모양의 칸들이 인물상을 나타낸다.

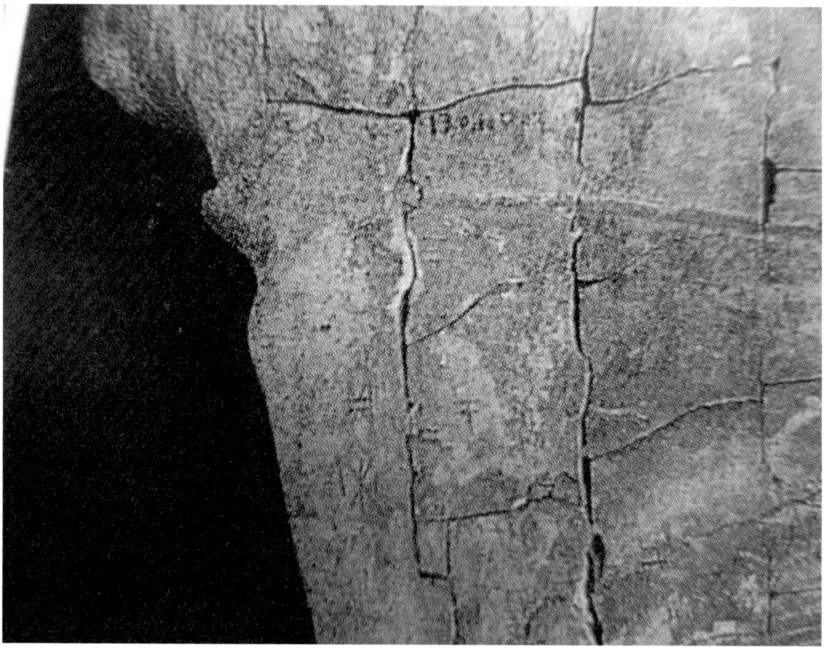

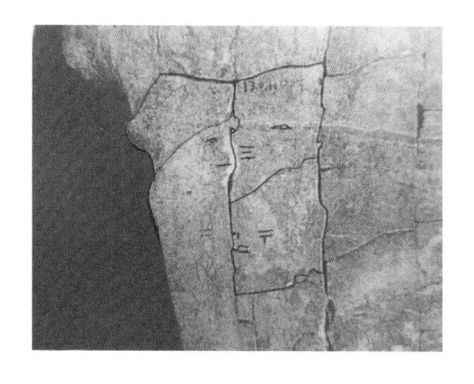

인위적으로 선을 그었음이 증명된 본편에 나타난 이런 유형의 형상들은 앞에서 살펴본 유사한 형상들 또한 모두 의도적으로 새겼음을 입증한다.

선이 윤곽선을 이루고 세포 모양의 무늬가 눈과 입을 이룬다.

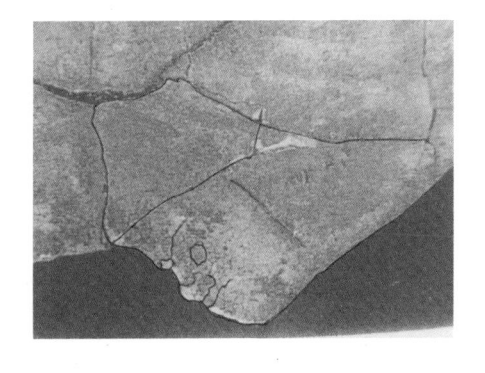

위 형상을 옆으로 돌리면 나타나는 형상이다.
윗부분에 인물상이 중첩해 있다.

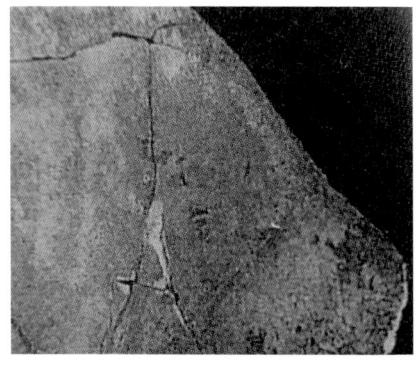

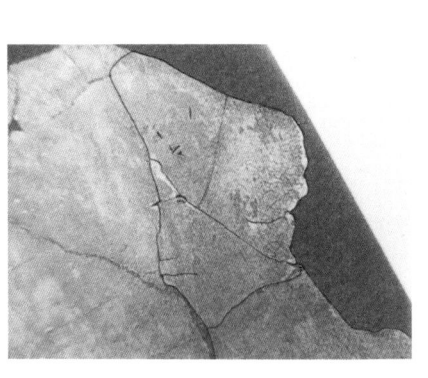

다음 윗부분에 나타난 형상을 보자.

둥근 형태의 선이 윤곽선을 이루고 홈이 눈을 표시하는 두 인물상이 나타나 있다.

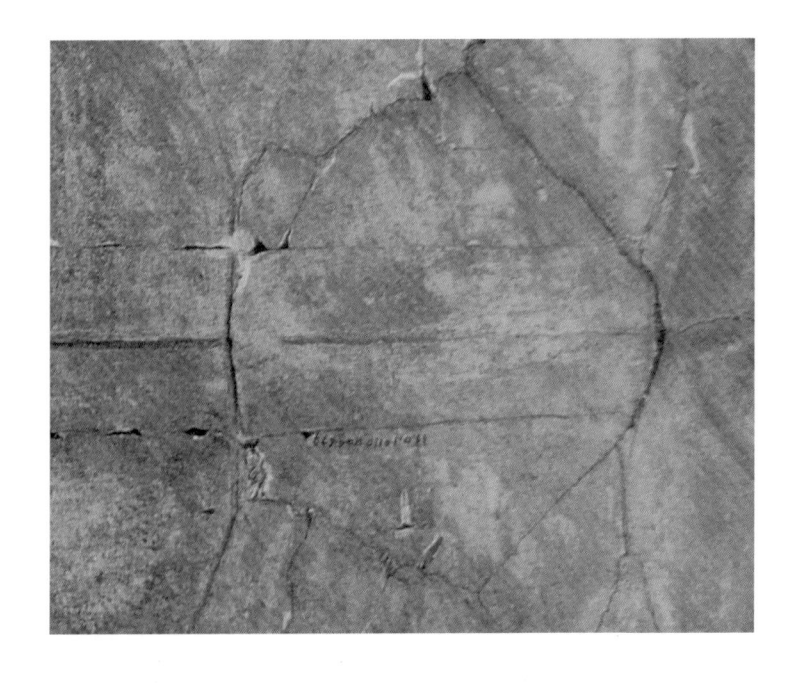

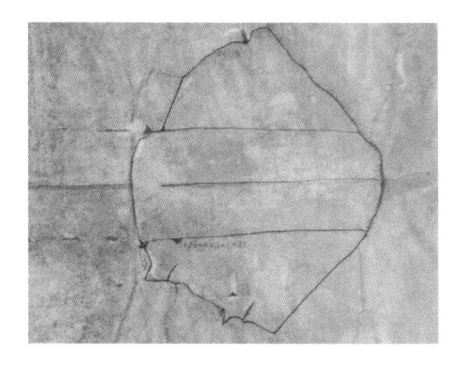

뚜렷한 아래 형상의 모습이다.

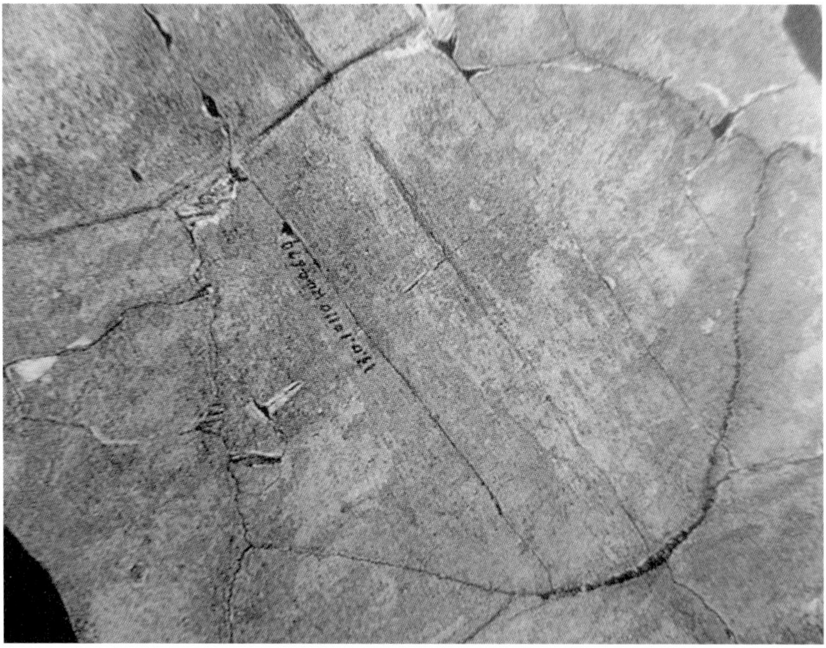

옆에 나타난 삼각형의 모자를 쓴 듯한 인물상이다.

홈과 색감이 눈을 이룬다.

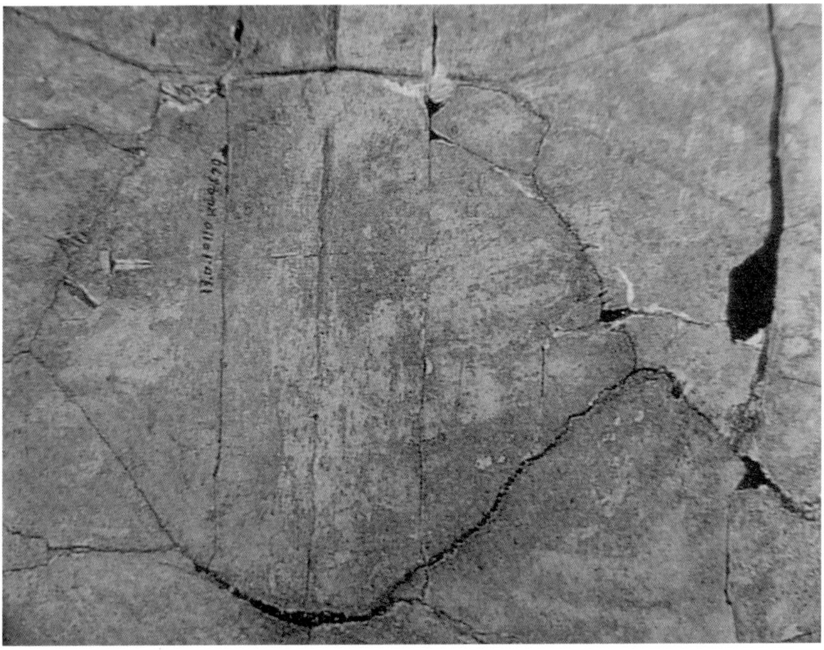

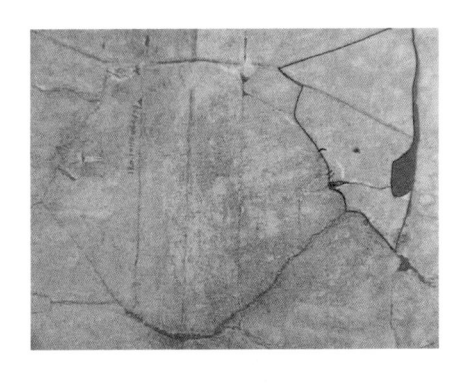

위 형상 위쪽만으로도 인물상을 나타낸다.

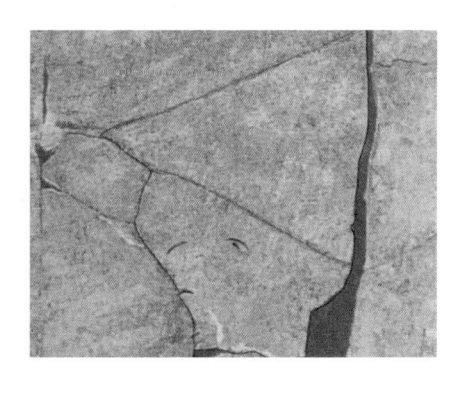

위 인물상의 모자처럼 보이는 부분을 옆으로 돌려서 보면 나타나는 형상이다.

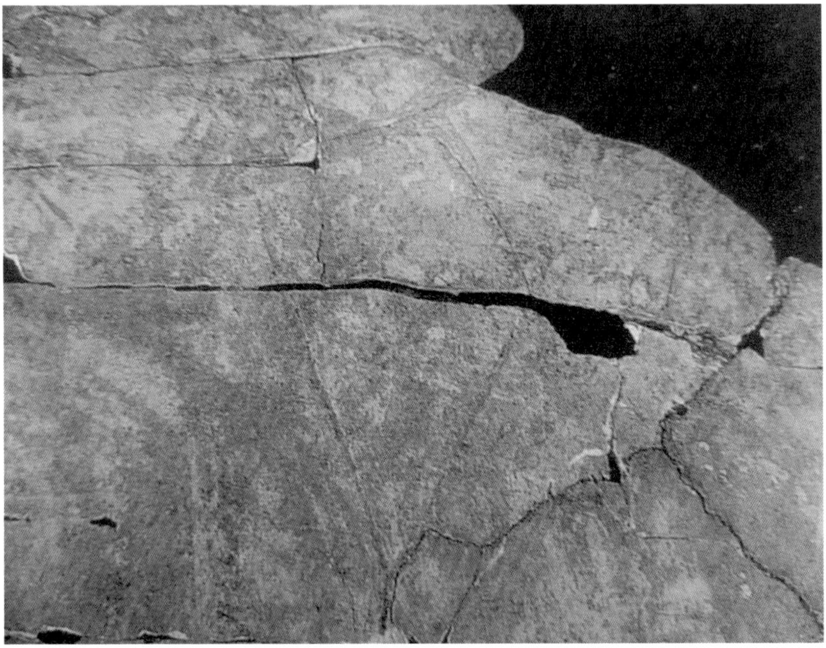

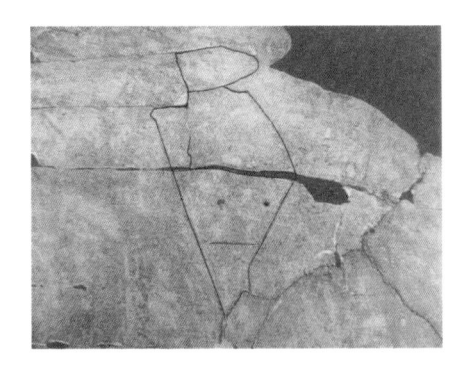

위 형상을 거꾸로 본 인물상이다.

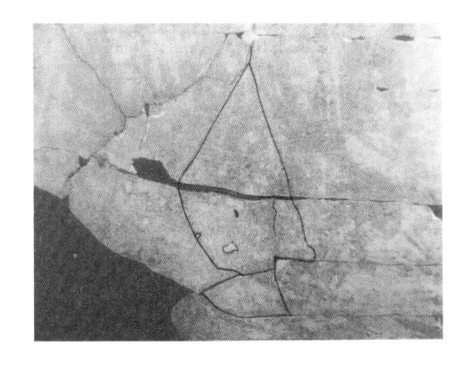

2) 색감이 나타낸 형상

사각형 형태의 표면이 짙은 색감과 옅은 색감으로 양분돼 있다.

자연적인 귀복갑의 모습으로 보기 어려우며, 인위적으로 다듬은 것으로 추정된다.

왜 색감을 다르게 다듬었을까?

앞에서 색감이 형상을 표현하는 기능을 하는 것을 많이 살펴보았다.

그 색감들이 인위적으로 조성되었음을 입증케 하려는 의도가 있는 것으로 추정된다.

가장 큰 귀복갑이면서도 치봉에 걸쳐 소규모의 문자가 새겨지고, 넓은 공간에는 아무것도 새기지 않은 본편을 제작해 놓은 이유로 보인다.

이곳의 색감도 형상을 나타낸다.

이유 없이 나타날 리 없는 중간 부분의 가로선과 색감이 윤곽선을 나타내며, 좌측에 세 점이 눈과 입을 표시하는 인물상이 새겨져 있다.

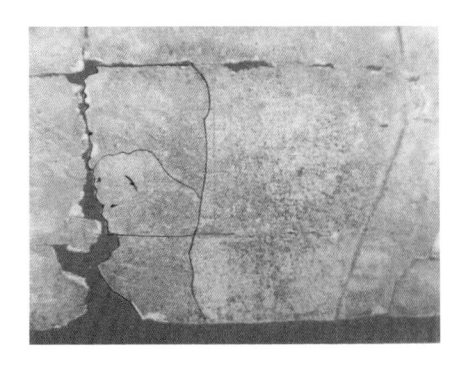

좌측의 뚜렷한 인물상이다.

위에 보이는 곳을 거꾸로 돌리면 뚜렷하게 구별되는 색감이 두 형상을 표현
한다.

우측의 짙은 색감이 나타내는 뚜렷한 인물상이다.

다음도 반듯한 직선을 따라 양쪽의 색감이 다르다.

자연적으로 이렇게 반듯한 색감의 직선이 나타날 수 없으므로 인위적 현상이 명백하다.

위의 반듯한 색감의 선이 얼굴 앞부분 윤곽선을 이룬 인물상이다.
균열선이 윤곽선과 눈을 이루고, 색감이 입을 표시한다.

색감이 중첩된 인물상의 눈과 입을 표시한다.

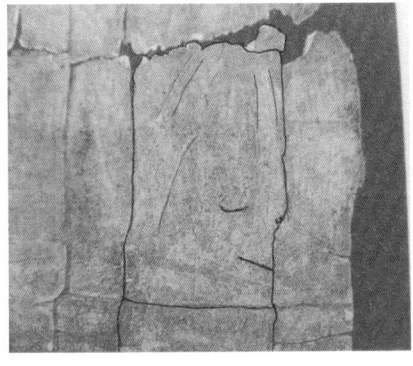

위 형상을 옆으로 돌리면, 윗부분에 작은 인물상이 보인다.
머리카락을 나타내는 색감이 진해서 뚜렷하게 구분된다.

　위에 보이는 곳을 옆으로 돌리면 앞 형상의 머리카락을 구분하는 색감의 선이 반듯한 직선을 이룬다.

　이 색감의 선과 인위적으로 그어진 직선이 직각으로 만나고 있다.

　색감의 선이 인위적이지 않고서는 나타날 수 없는 현상이다.

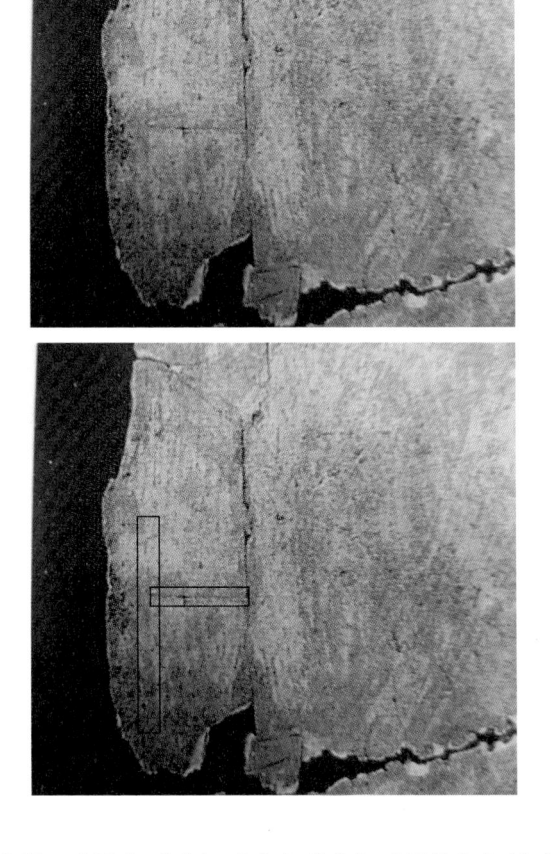

　색감이 나타내는 반듯한 직선은 표면의 색감을 다듬었음을 증명한다.

　이는 앞에서 살펴봤던 색감으로 표현된 인물상들이 인위적으로 조성되었음을 입증한다.

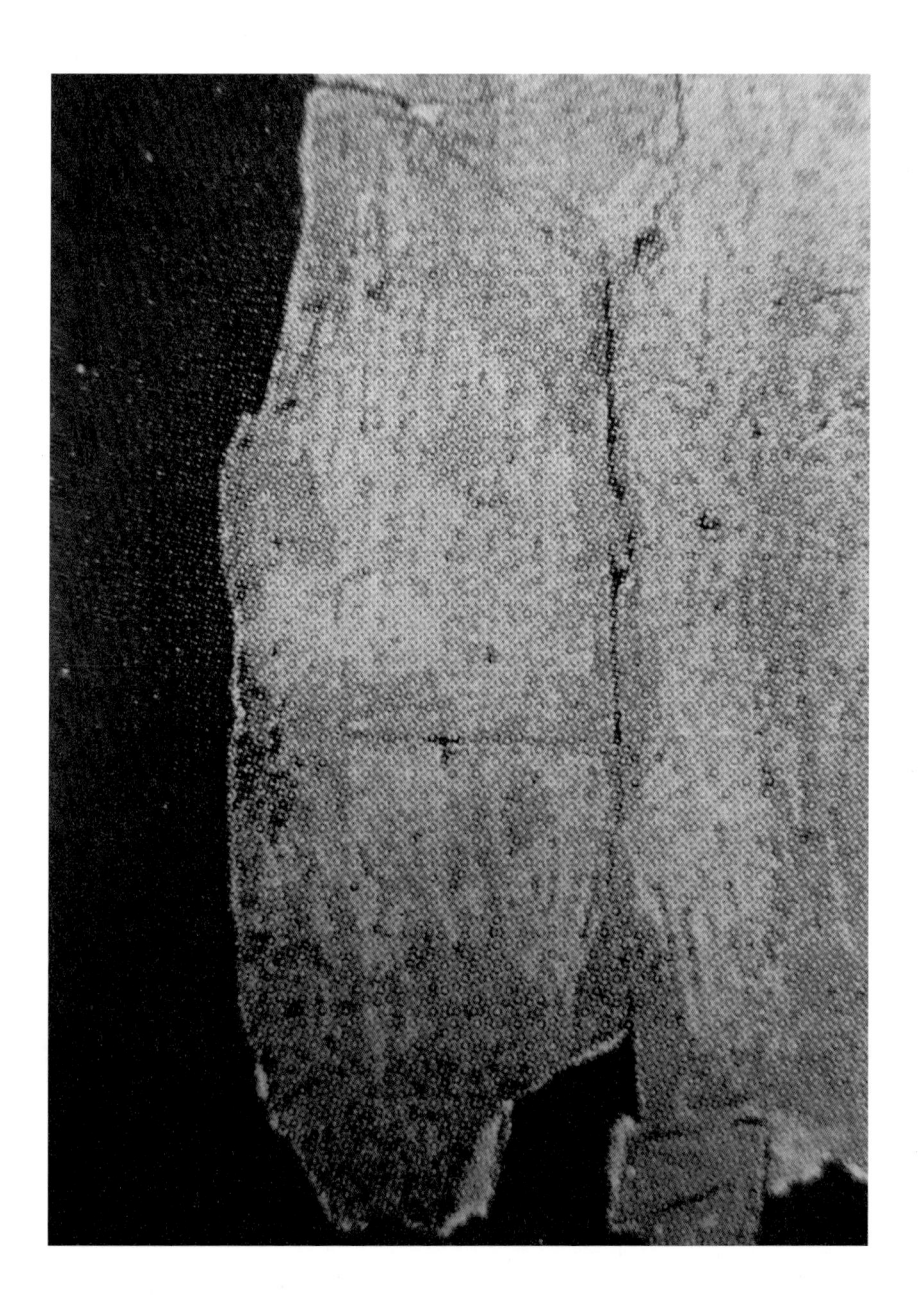

아랫부분을 거꾸로 본 모습이다.

이곳에 나타난 형상을 살펴보자.

다음 흰 선으로 표시한 부분을 옆으로 돌려보자.

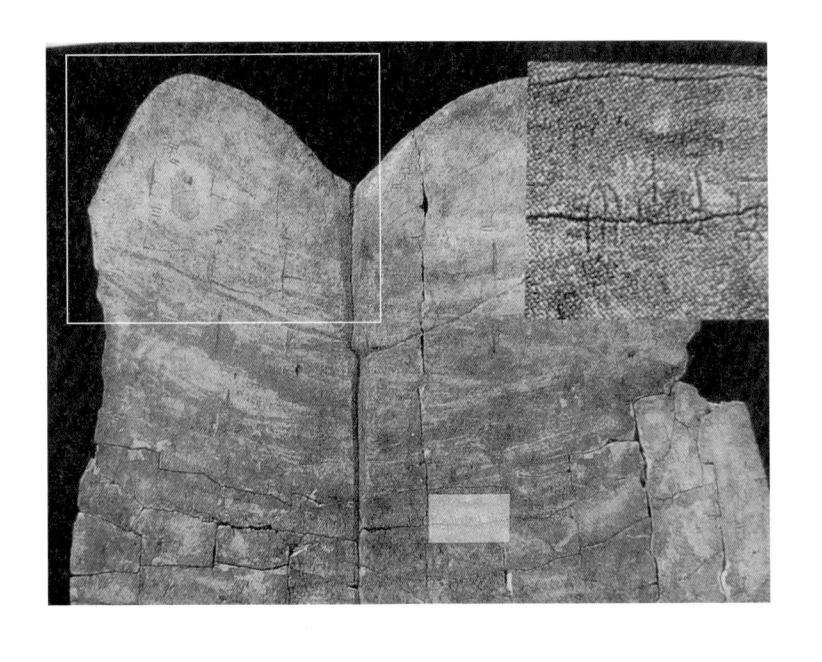

색감이 윤곽선을 이루고, ㅏ 자의 획이 두 눈과 입을 표시하는 인물상이다.

선이 윤곽선을 그리고, ㅏ 자가 입을 표시하는 두 인물상이다.
짧은 선이 한 눈을, 색감이 다른 눈을 이룬다.

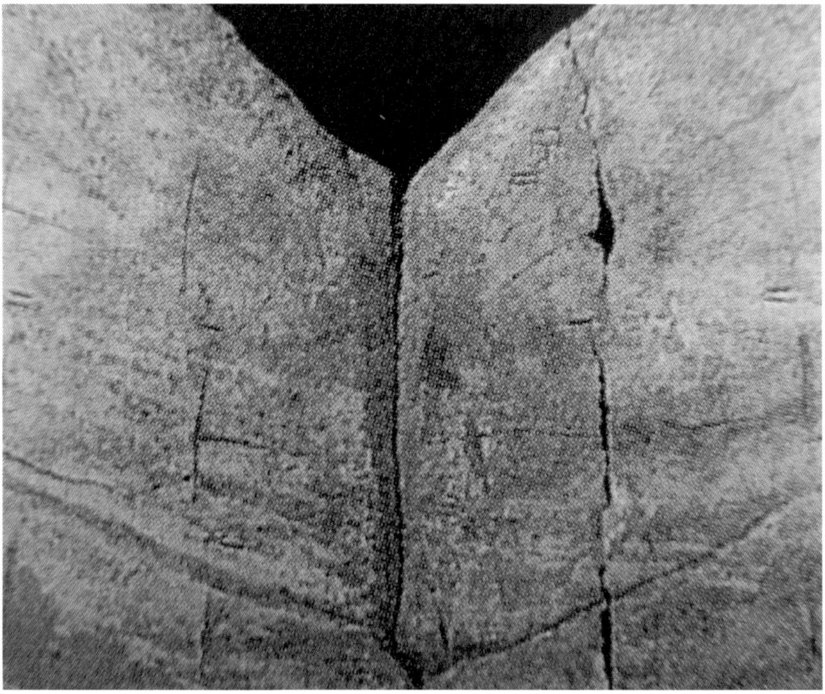

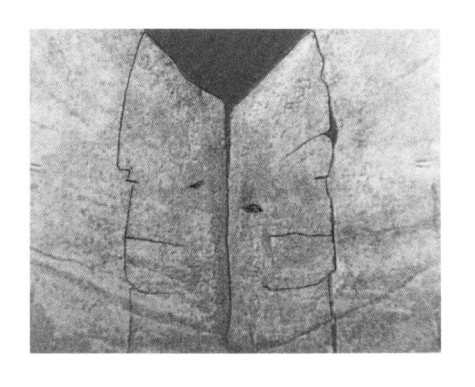

흰 색감이 두 눈과 입을 표시하는 인물상이다.

본 갑골편의 뒷면을 살펴보자.

천리로는 봉합선이므로 뒤쪽에도 나타나야 하는데 전혀 그렇지 않다.
앞면의 천리로가 인위적으로 그은 것임이 명백히 증명된다.

지그재그로 선이 그어져 있다.

치봉의 형태이나 폭이 너무 크다. 실제로 앞면에는 나타나지 않으므로 치봉은 아니다.

치봉과 유사한 선이 자연적으로 나타날 리 없다.

크게 손질했으므로 인위적으로 그은 것이 분명하다.

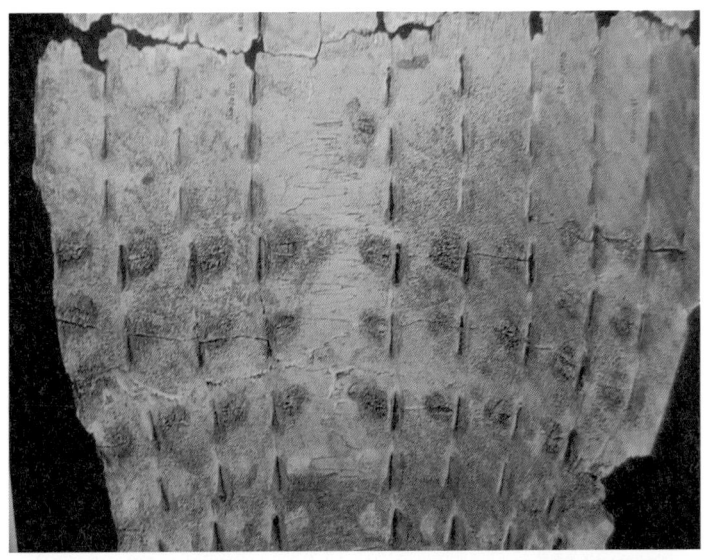

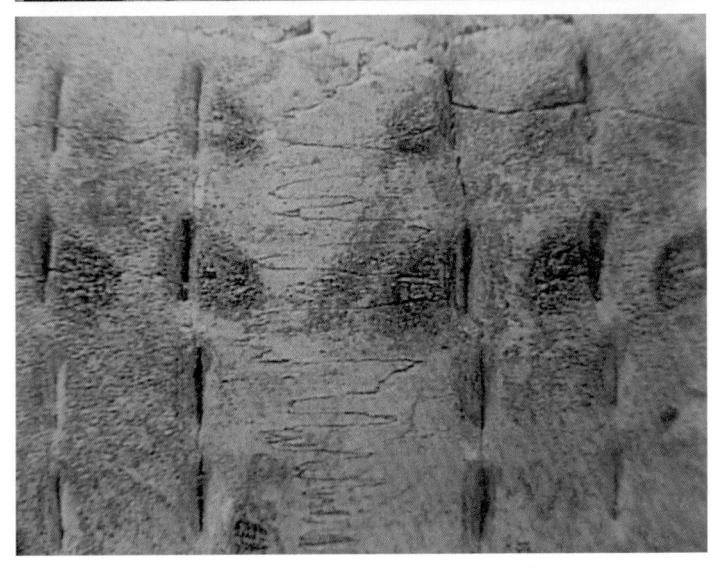

선이 아래 끝부분에서부터 시작돼 길게 이어지며 천리로처럼 중앙에 나타나 있다.

천리로와 같은 위치에 치봉과 유사한 형태로 그어 놓았다.

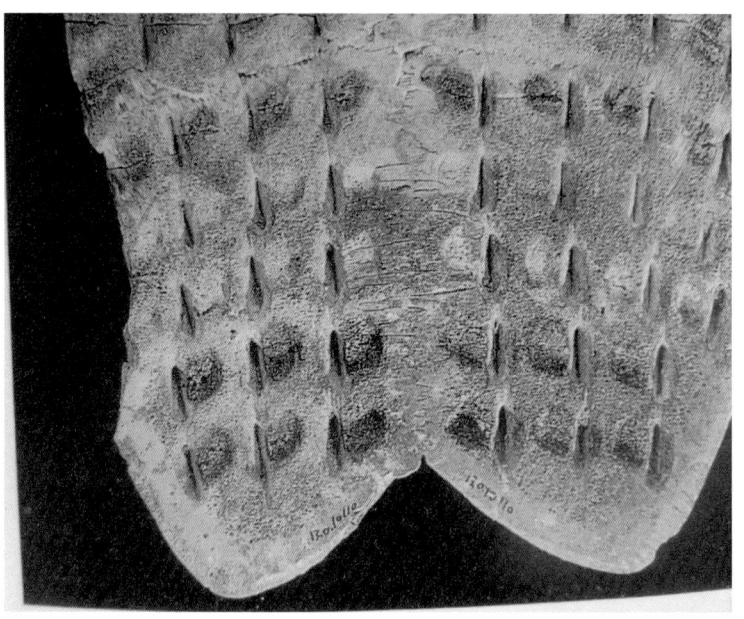

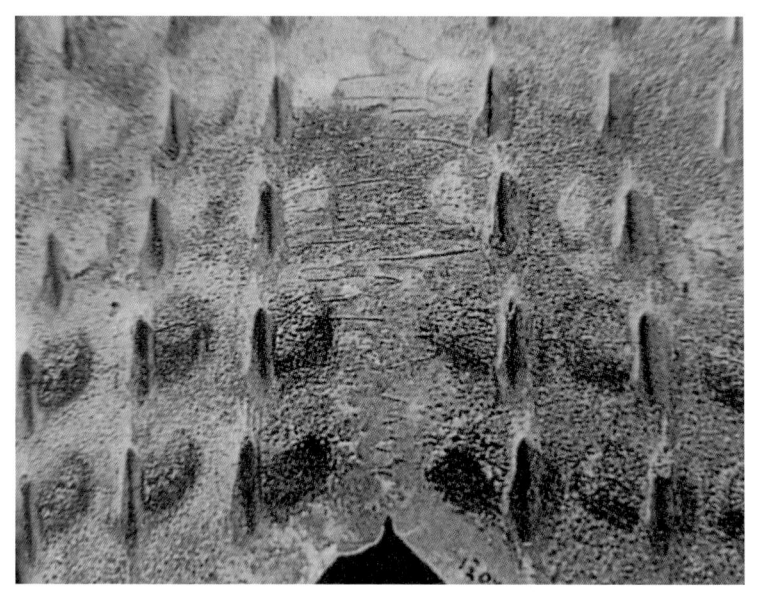

가로로 잘린 부분에도 유사한 선이 나타나 있다.

잘린 부분과 선을 비교하면 선의 깊이가 낮아 표면에만 얇게 새겨졌다.

치봉이 아닌 것이 증명된다.

치봉과 유사한 선은 치봉이 귀갑의 자연적인 구조인지 의문을 제기한다.

　지그재그로 그어진 선이 인물상을 그린다.

　인위적으로 그은 것이 분명한 치봉과 유사한 형태의 선이 나타내는 인물상은 앞에서 살펴본 치봉을 활용한 인물상들을 인위적·의도적으로 조성해 놓았음을 강력히 뒷받침한다.

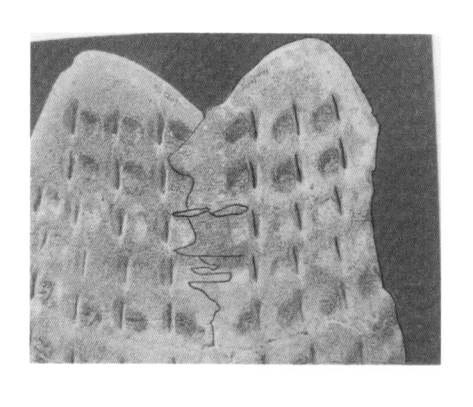

16. 열여섯 번째 갑골편

골편에 나타난 형상이다. 인위적으로 자른 것이 분명한 곳이 입을 나타낸다.

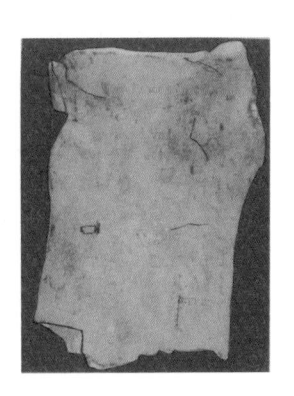

윗부분을 옆 방향에서 보면 색감이 형태와 눈, 입을 표시한 인물상이 나타
난다.

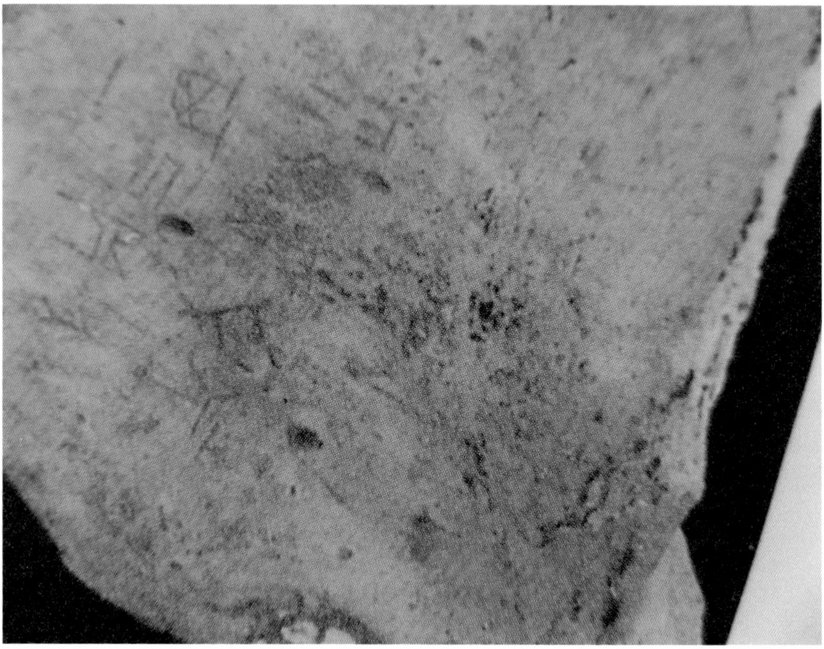

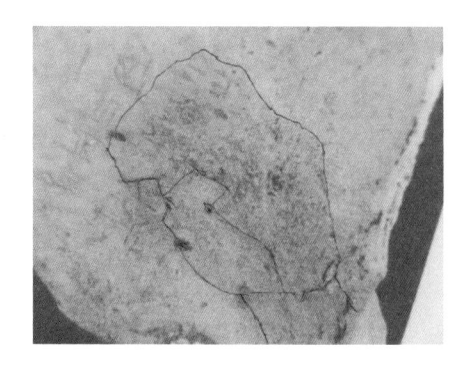

앞면에 卜 자가 새겨져 있지 않은데 뒷면에는 불로 지진 흔적이 뚜렷하다.
뒷면을 불로 지져도 뼈의 앞면에 卜 자가 나타날 리 없다.
따라서 앞면에 새겨진 복사는 본편에서 점을 치지 않았음이 분명하다.
왜 이렇게 조성해 놓은 것인지에 대한 연구가 필요해 보인다.

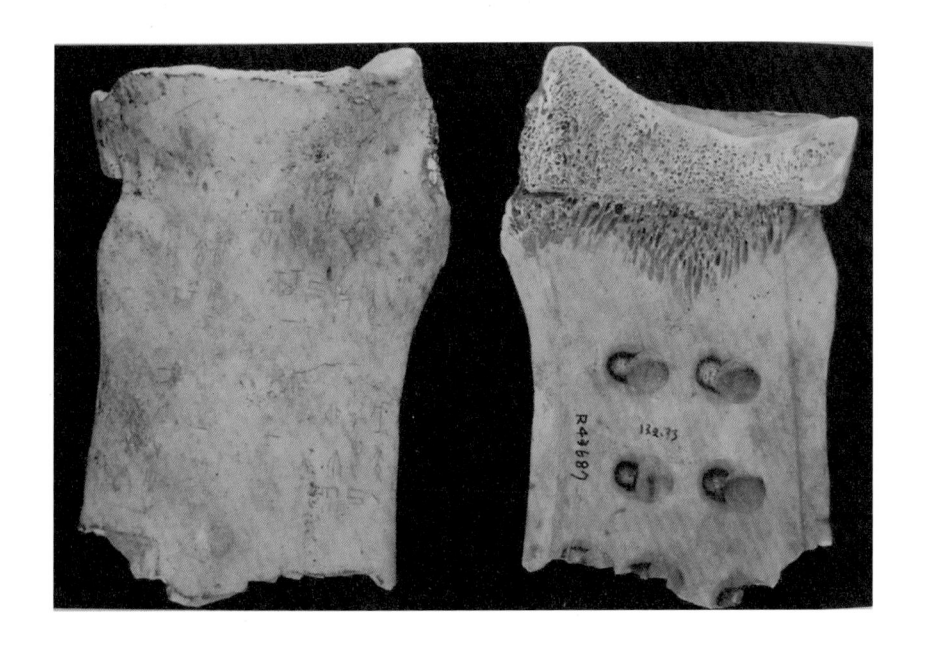

갑골편의 점치는 방식은 구체적 사안에 대해 길흉의 두 가지 중 하나를 답으로 얻는 것이다. 불로 지진 후 나온 卜 자의 우측 획이 위를 향하면 길하고, 아래로 향하면 흉하다고 판단한다. 그러나 골편에는 이같은 방식이 적용되지 않는다. 그럼에도 골편에 불로 지진 흔적을 남긴 이유는 귀갑에 새겨진 卜 자 또한 점을 치는 과정에서 생성된 것이 아닐 수도 있음을 시사하려는 의도가 있지 않을까 추정된다.

갑골문이 실제로 갑골편에서 점을 친 결과를 기록하는 데 사용된 문자인지, 아니면 그 형식을 빌어 조성해 놓은 기획의 산물인지에 대한 의문이 제기된다.

이유 없이 그었을 리 없는 선이 입을 표시하고, 불로 지진 듯한 곳이 두 눈을 나타내는 형상으로 보인다.

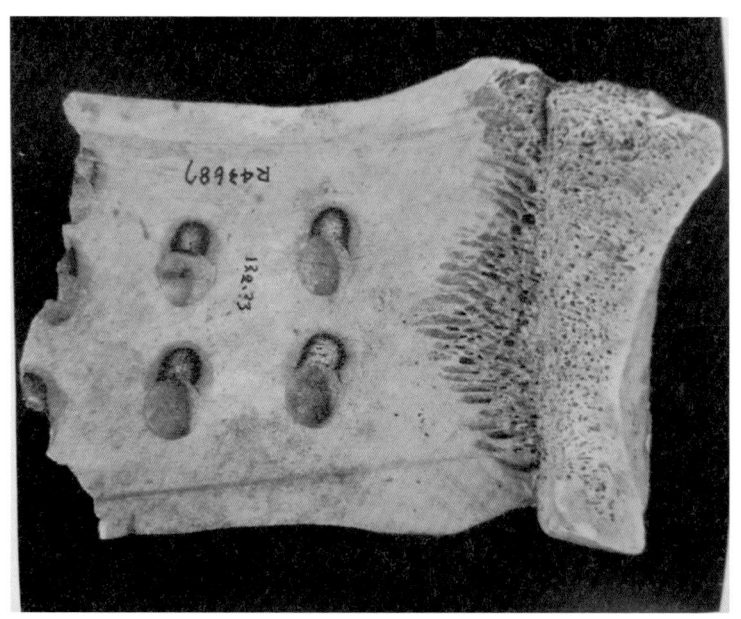

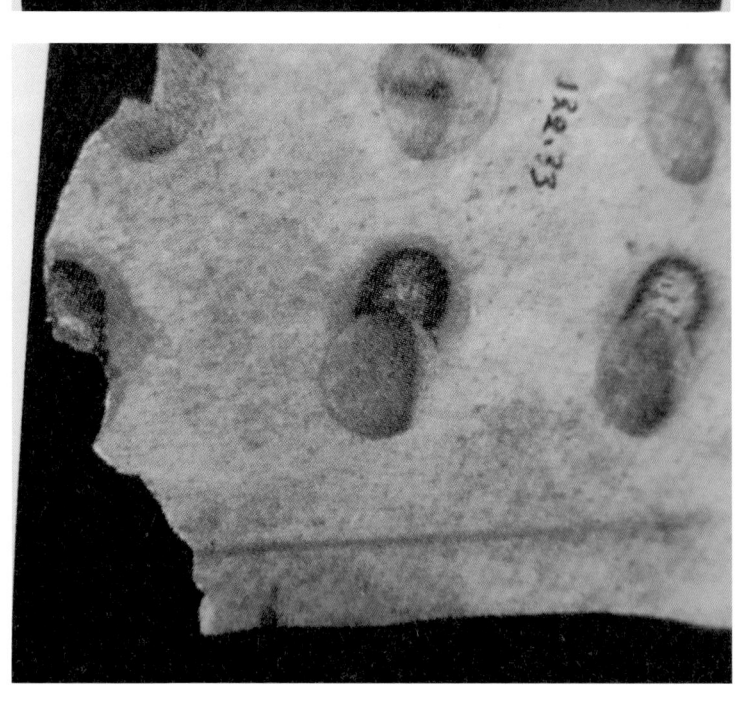

17. 열일곱 번째 갑골편

옆으로 돌려 보면 인물상이며, 위쪽 부분에 반대 방향을 향한 인물상이 중첩해 있다.

색감과 선이 나타내는 인물상이다.

문자가 위쪽 부분 윤곽선을 이룬다.

선과 문자가 윤곽선을 나타낸 인물상이다.

18. 열여덟 번째 갑골편

단단한 뼈에 균열이 선을 이루는데 반듯한 형태도 있어 인위적인 현상으로 보인다. 큰 구멍 또한 인위적 현상일 것이다.

단단한 뼈를 어떻게 가공했는지는 밝혀야 할 과제다.

잘려 나간 부분이 입을 이루는 형상이다.

다른 방향에서 바라본 형상이다.

위에 보이는 곳 내부에 나타난 형상이다.

군열선과 그은 선이 인물상을 그린다.

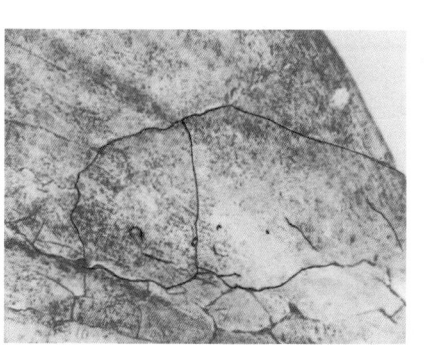

균열선이 윤곽선을 이루고 인물상을 표현한다.

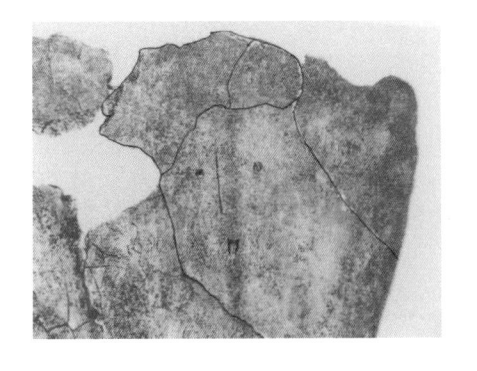

균열된 부분도 인물상을 나타낸다.

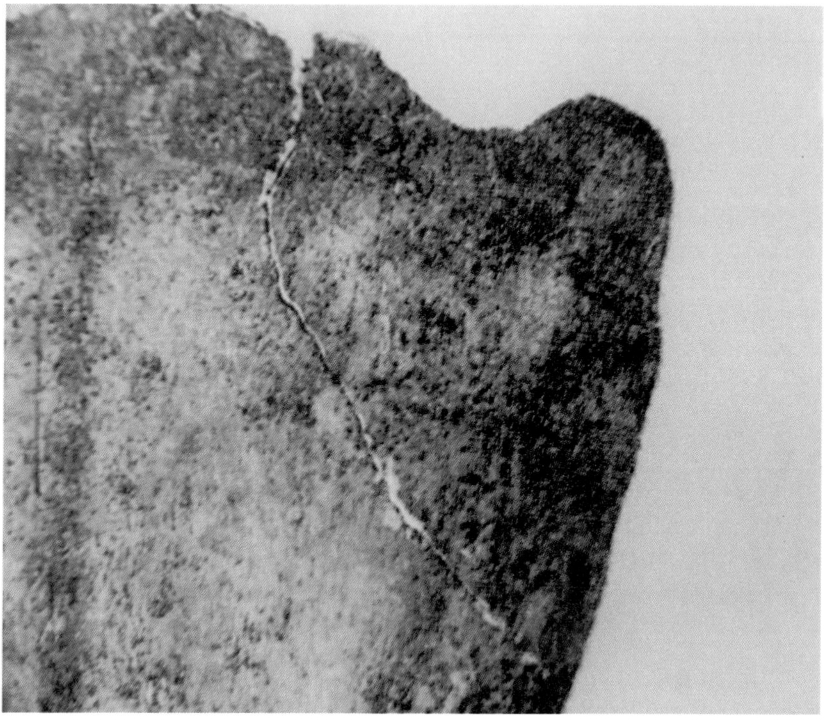

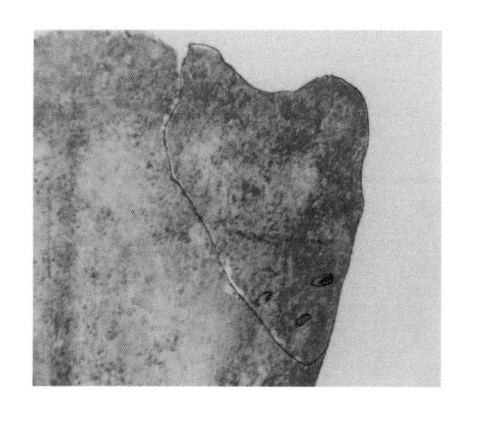

위의 지점을 거꾸로 돌리면 뚜렷하지는 않지만 형상이 나타난 듯하다.

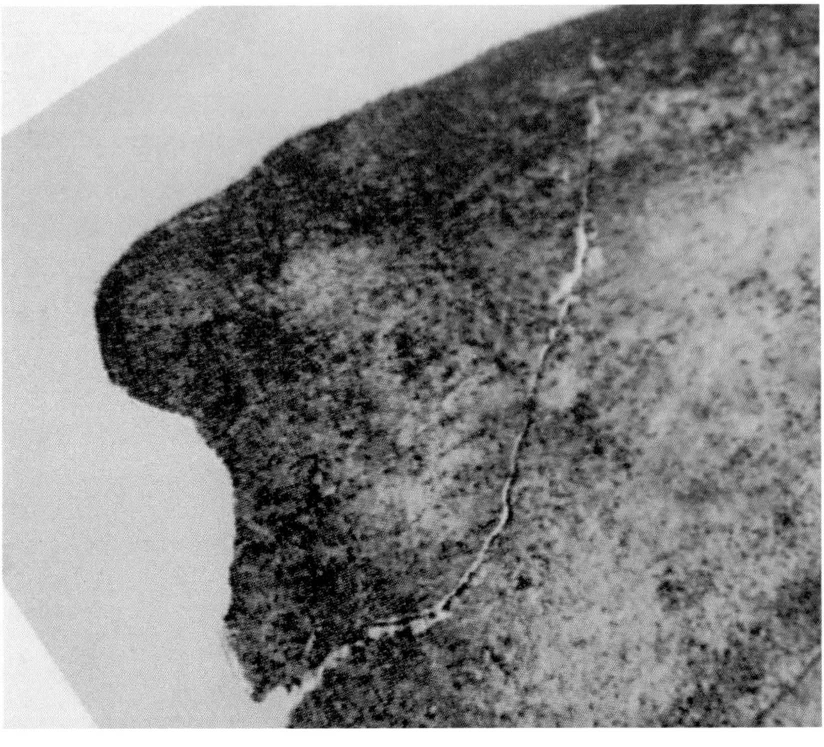

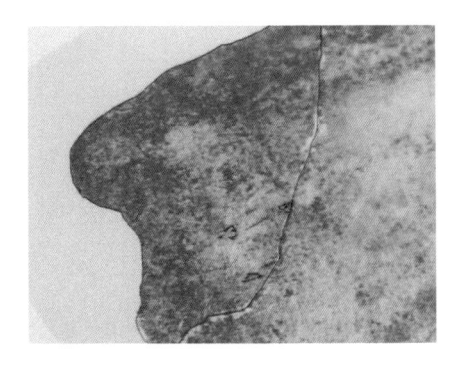

균열된 조각들이 인물상을 완성했다.

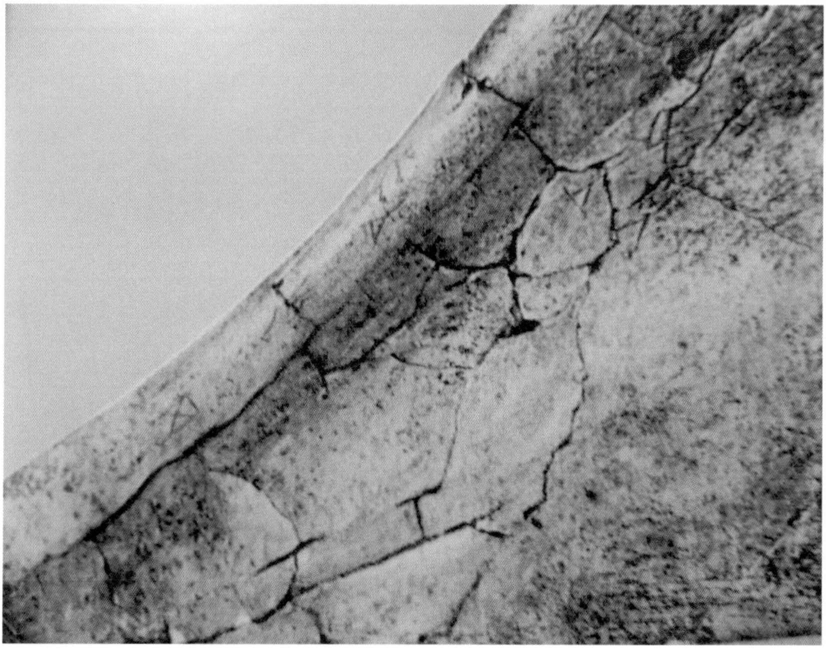

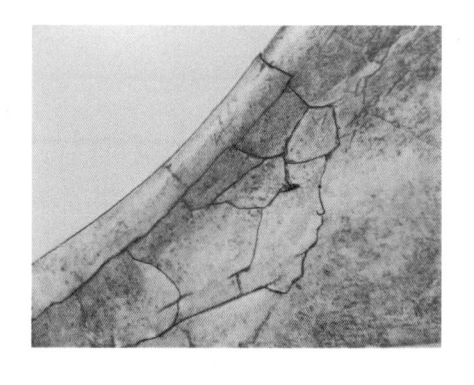

선과 색감을 이용한 인물상이다.

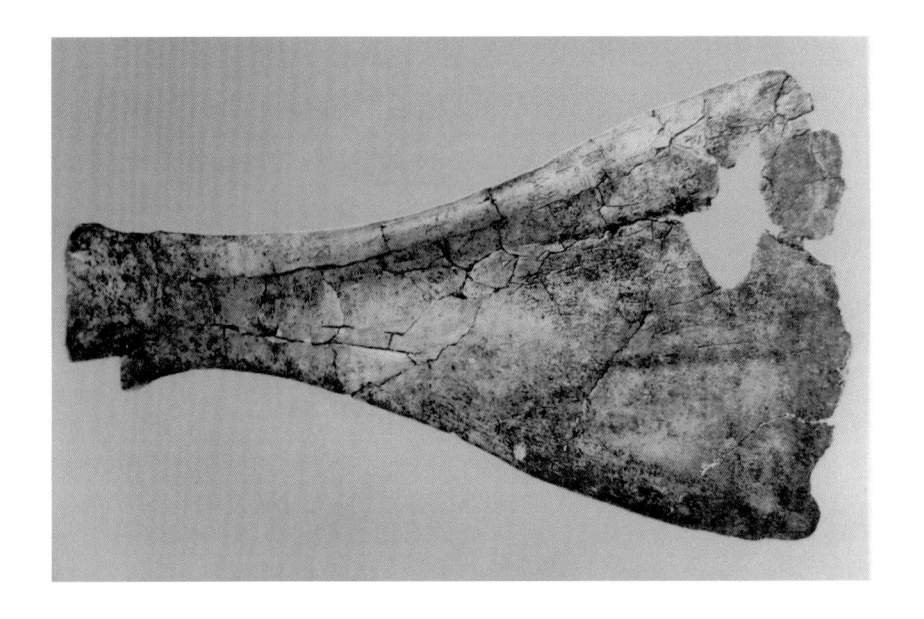

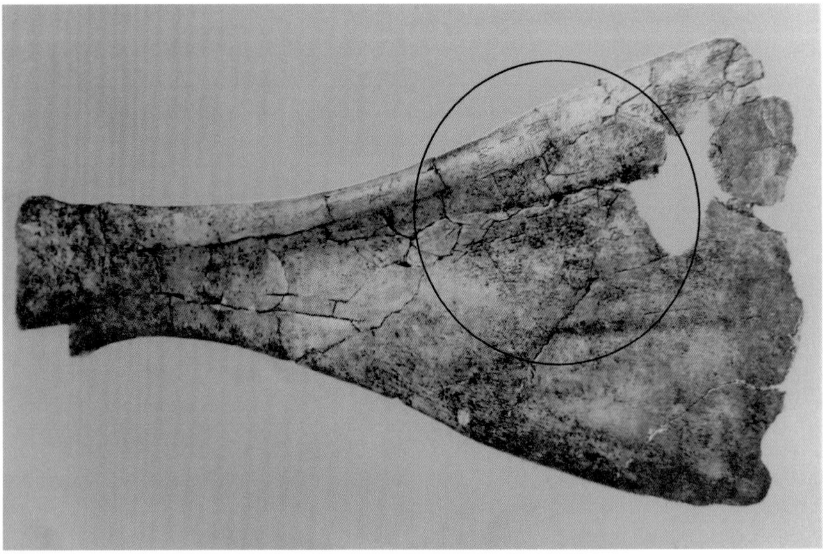

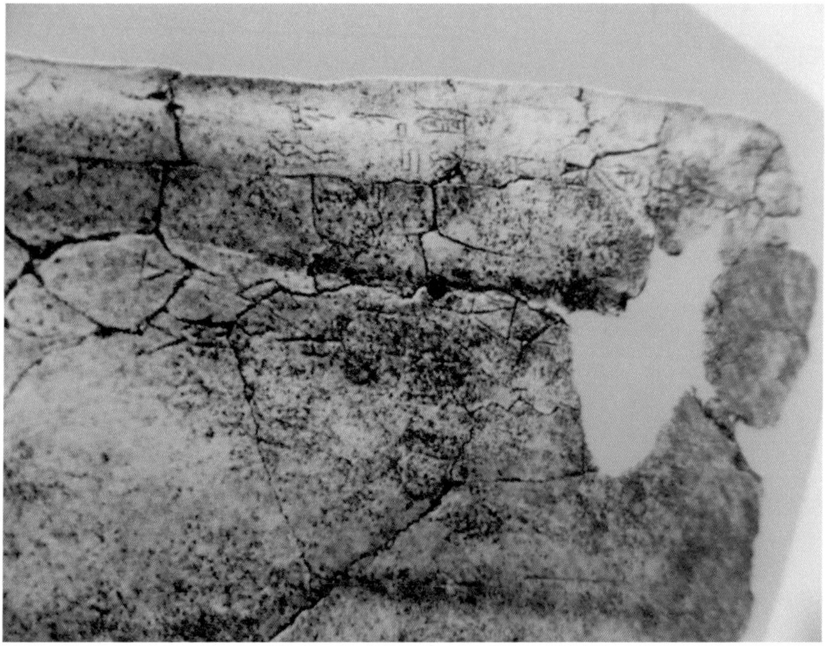

19. 열아홉 번째 갑골편

육십갑자가 새겨져 있다.

甲子	乙丑	丙寅	丁卯	戊辰	己巳	庚午	辛未	壬申	癸酉
甲戌	乙亥	丙子	丁丑	戊寅	己卯	庚辰	辛巳	壬午	癸未
甲申	乙酉	丙戌	丁亥	戊子	己丑	庚寅	辛卯	壬辰	癸巳
甲午	乙未	丙申	丁酉	戊戌	己亥	庚子	辛丑	壬寅	癸卯
甲辰	乙巳	丙午	丁未	戊申	己酉	庚戌	辛亥	壬子	癸丑
甲寅	乙卯	丙辰	丁巳	戊午	己未	庚申	辛酉	壬戌	癸亥

형태와 색감이 표현한 인물상이다.

갑골문자와 육십갑자 모두 사람형상을 새긴 주체와 관련 있음이 증명된다.

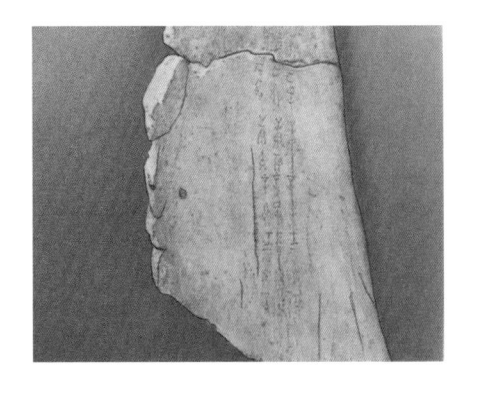

20. 스무 번째 갑골편

지금까지 살펴본 갑골편 사진은 모두『갑골문자 그 깊이와 아름다움』에 실려 있는 것이다.

16만여 편의 갑골편이 발견되었다 하는데, 모든 갑골편에 사람형상이 새겨져 있는지는 살펴본 수가 적어 단정하기 어렵다. 그러나 지금까지 살펴본 모든 갑 골편에 뚜렷함의 차이는 있지만 사람형상이 새겨져 있었으므로 대부분의 갑골 편도 동일할 것으로 유추할 수 있다.

그리고 여기에서 자세하게 살펴보지 못한 문자를 활용한 형상까지 감안하면 훼손되지 않은 온전한 갑골편 중 형상이 새겨지지 않은 것이 있을지 의문이다.

만약 대부분의 갑골편에 사람형상이 새겨져 있다면, 갑골편의 수가 많으므로 동일한 유형의 형상이 다수 발견될 수도 있다.

이 경우 유형별로 분류할 수 있을 것이다.

한편 앞에서 살펴본 대로, 전체의 형태를 활용하는 등 유사한 방식도 있으나 세부적으로는 대부분의 형상이 다른 형태였다. 이를 감안하면 16만여 편에 실 린 형상이 얼마나 다채로울지 가히 상상하기 어렵다.

국내에 유통 중인 갑골문자 관련 책에서는 더 이상 유사한 자료를 구하기 어 려웠는데,『고대 중국』에 약간 작은 크기의 사진이 하나 실려 있었다.

이 갑골편에도 유사한 방식으로 사람형상이 새겨져 있다.

『고대 중국』에 실린 갑골편이다.[12]

12 마우리지오 스카르파리, 『고대 중국』, 생각의나무(2003)

밑부분의 형상이다.

중간에 치봉의 선이 지나므로 크게 두 칸에 걸쳐 나타난 형상이다.

ㅏ 자가 눈과 입을 이루었다.

다음은 뚜렷한 인물상으로 좌측 눈이 입과 턱을 이루는 인물상이 윗부분에 중첩해 있다.

칸을 이룬 곳이 중첩해 인물상을 나타낸다.

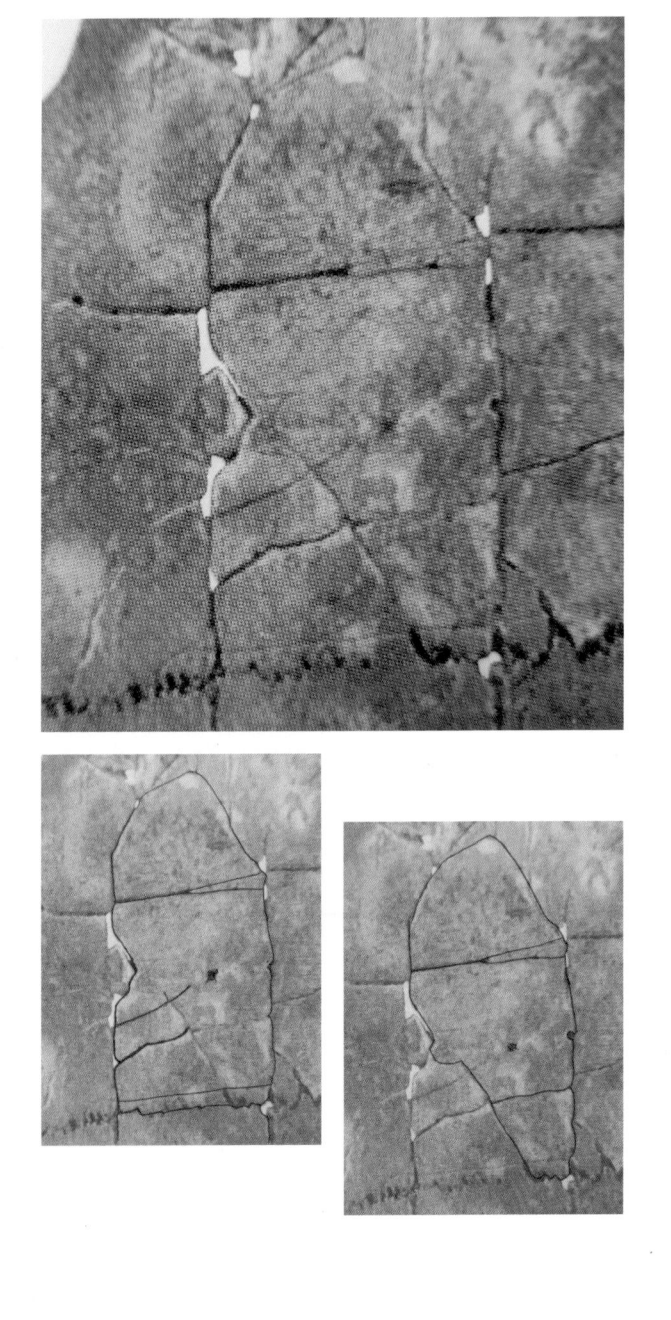

다음은 위와 아래에 두 인물상이 나타나 있다.

위 형상은 색감이 눈과 입을 이룬다.

아래 형상은 획이 꺾인 ㅏ자가 코와 입을 이루고, 색감이 눈을 표시한다.

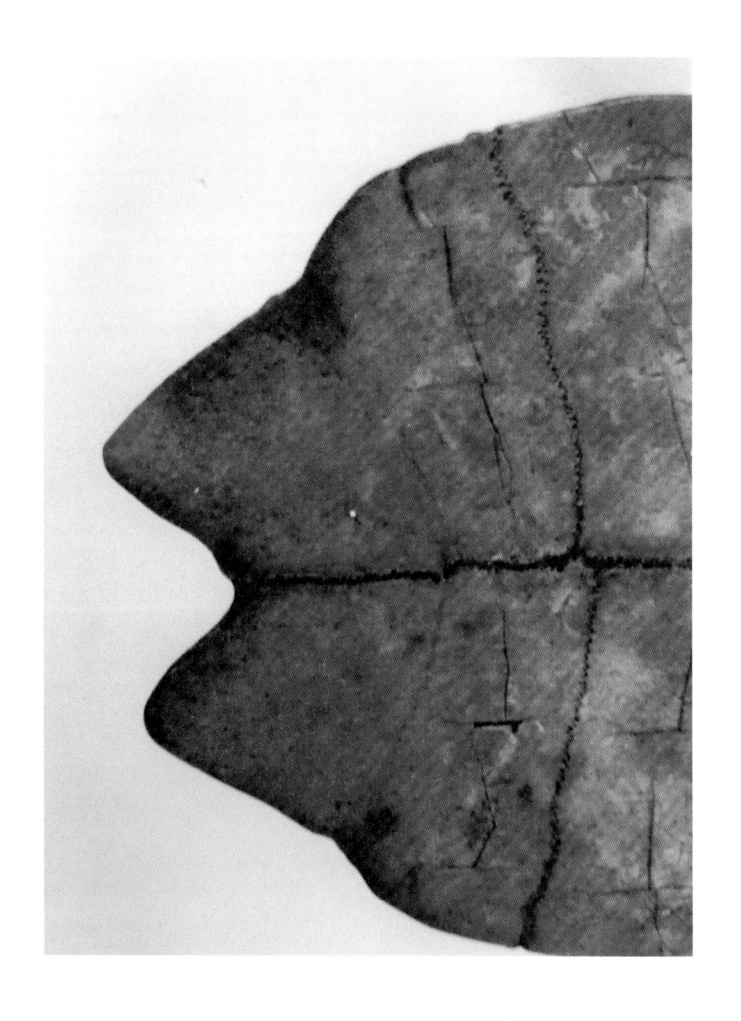

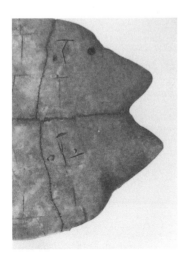

두 ㅏ 자와 이어지는 선들이 우연하게 나타날 리 없다.

선이 윤곽선과 코·입을 이루며, 돌검 모양의 문자가 눈을 표시하는 인물상이다.

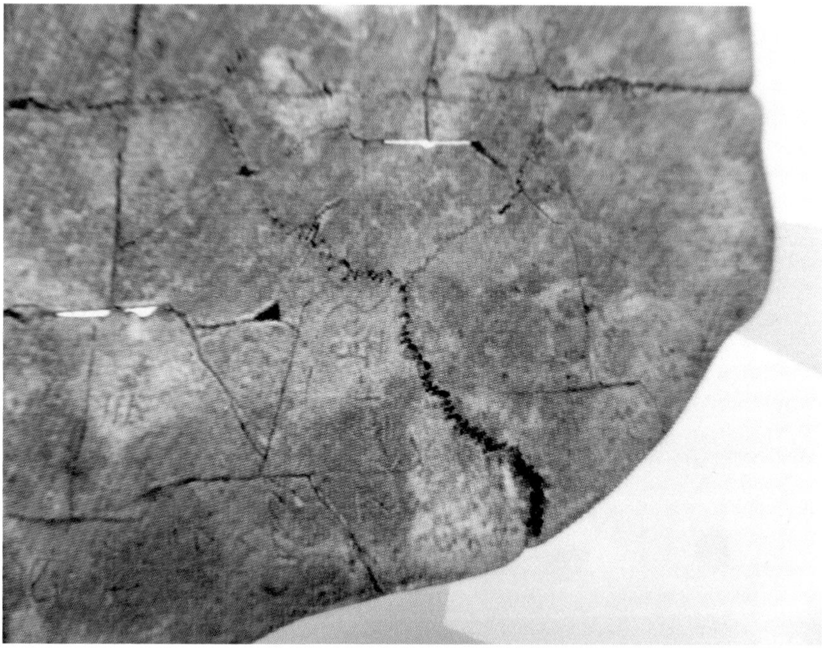

옆 부분에 나타난 형상이다.

문자라기보다 그림을 그린 듯하다.

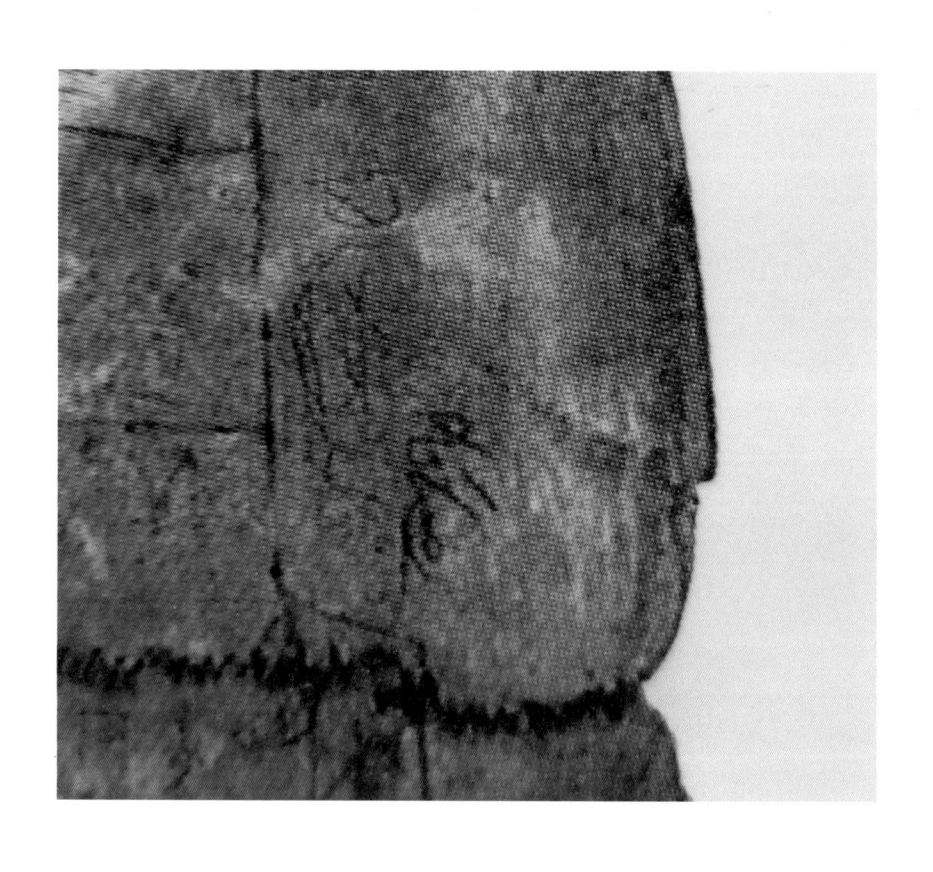

옆에서 바라본 형상을 보자.

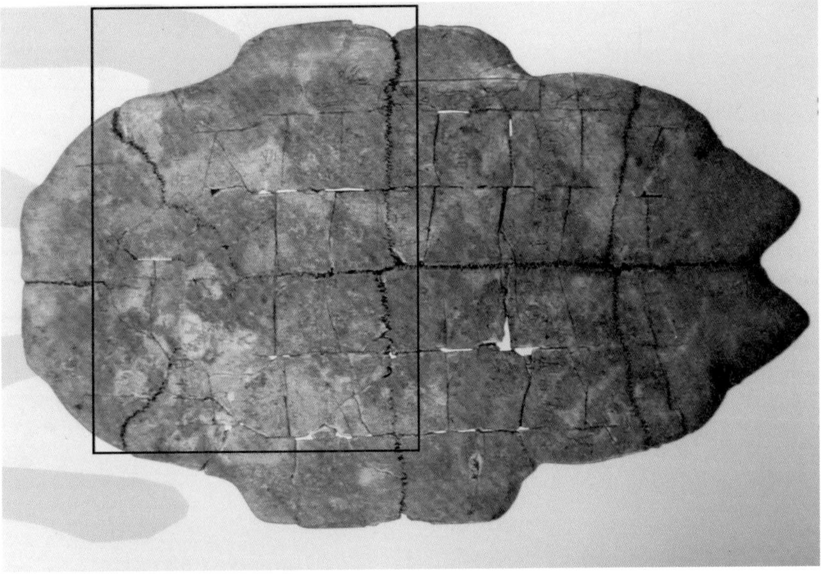

돌검을 닮은 문자가 입을 표시한다.
뚜렷함은 덜하나 뒤쪽 방향으로도 형상을 나타낸다.

위 형상 내부에 중첩된 윗부분과 아랫부분의 두 형상이다.

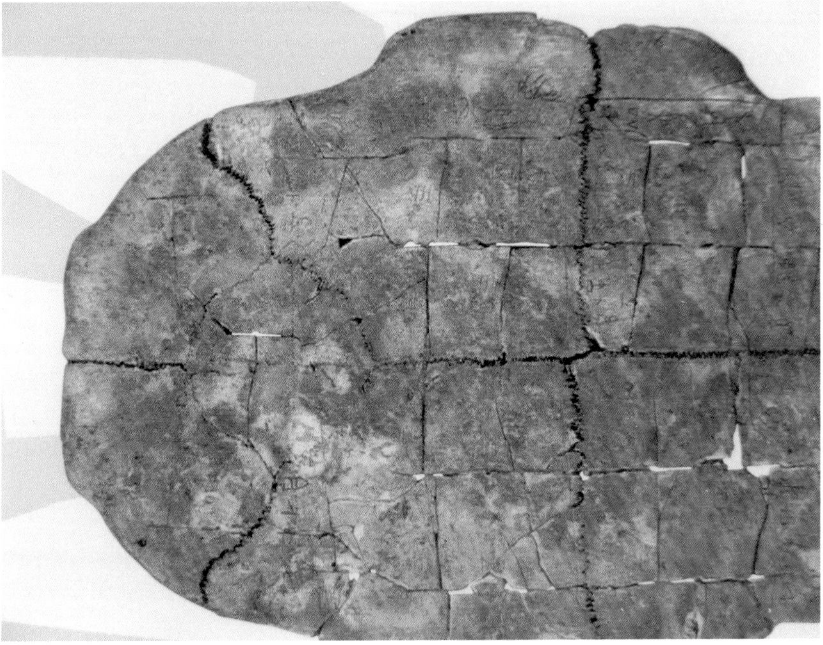

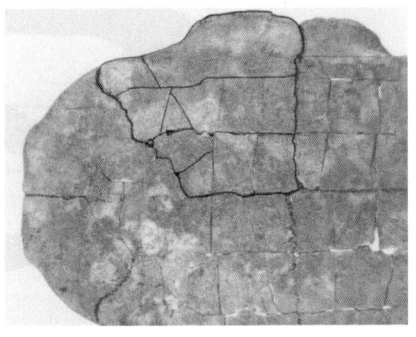

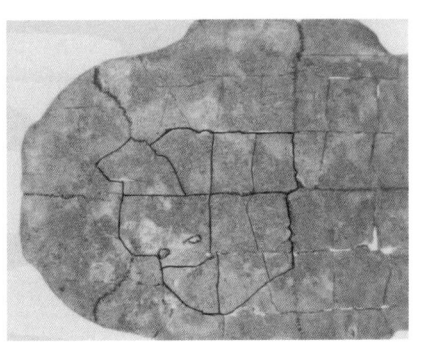

21. 기타 갑골편

인터넷에서 찾아보니 갑골문자가 새겨진 갑골편 사진이 많지 않았다. 더구나 나타난 경우도 앞에서 살펴본 사진들이 많이 활용되고 있었다.

어느 정도 뚜렷한 몇 기만을 살펴보자.

길게 다듬은 갑골편이다.

테두리 부분까지 정밀하게 다듬었다.

윗부분에 나타난 선이 그린 인물상이다.

위 지점을 거꾸로 하면 나타나는 인물상이다.

위쪽에 인물상이 중첩해 있다.

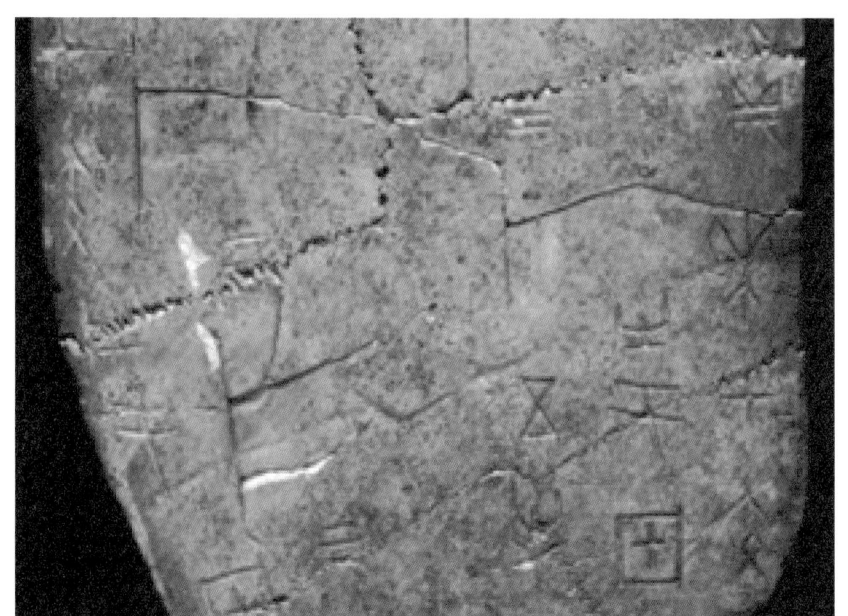

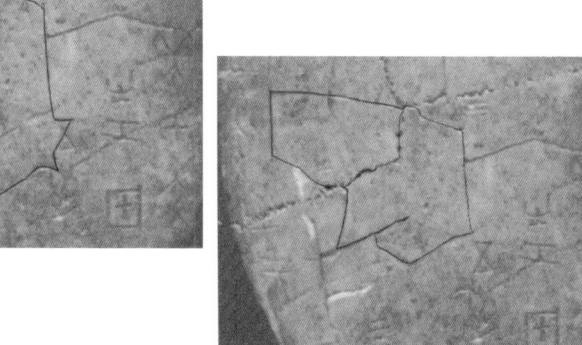

위 지점을 옆으로 돌리면 나타나는 형상이다.

위 지점을 거꾸로 본 것이다.

두 인물상이 중첩해 있다.

다음 갑골편을 보자.

아랫부분에 전체로 인물상이 뚜렷하다.

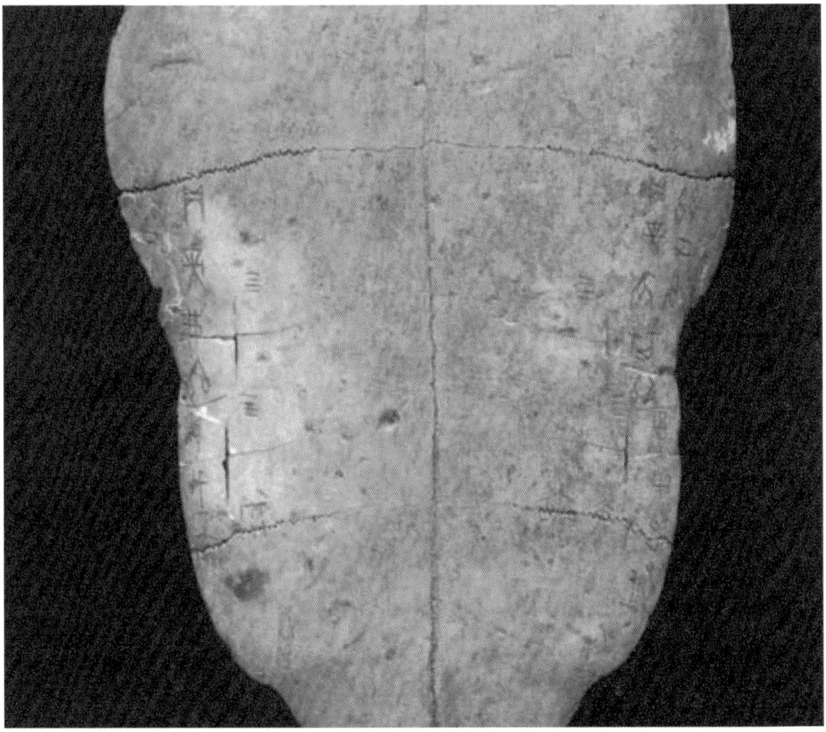

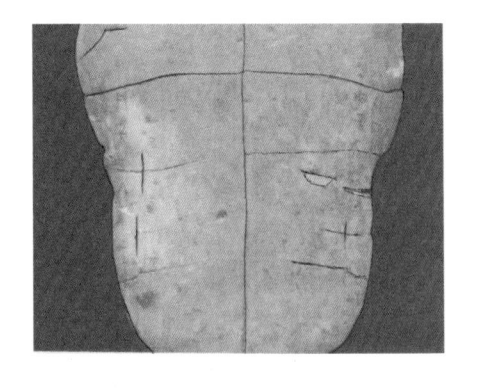

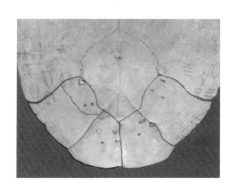

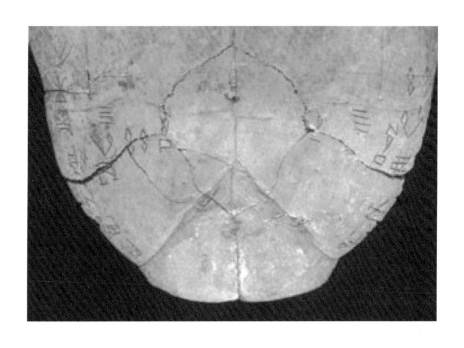

상나라에 출토되어 발견한 정복병의 인공잔흔이 선명에 있다.

다음 갑골편은 표면이 얼룩덜룩해 형상을 찾기 어렵다.
윗부분이 뚜렷한 인물상을 나타낸다.

뚜렷한 눈의 인물상이다.

ㅏ 자가 입을 표시한다.

다음 갑골편 조각은 문자로 보이는 것들이 형상을 나타낸다.

다음은 일본 서적『갑골문의 이야기甲骨文の話』[13] 표지에 실린 갑골편 사진을 살펴보자.

뚜렷한 선이 위에서 아래로 사선을 그리며 이어져 있다.
선을 그은 이유는 무엇일까?

---

13 마츠마루 미치오松丸道雄, 『갑골문의 이야기甲骨文の話』, 타이슈칸쇼텐大修館書店(2017)

선이 인물상의 윤곽선을 이루고, 방향이 바뀐 듯한 두 문자가 눈을 나타내는 듯하다.

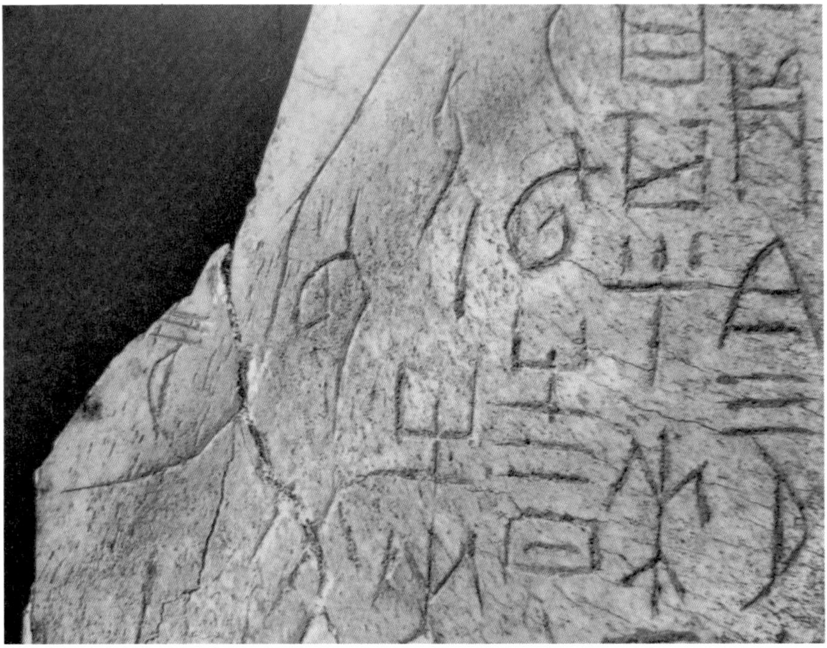

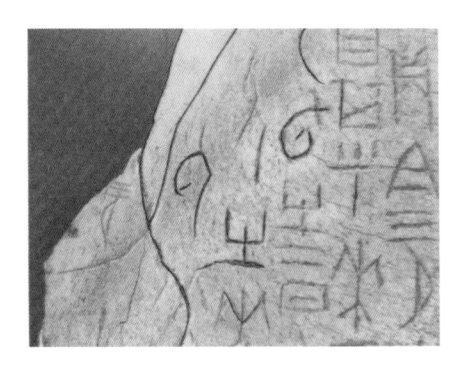

4,000~5,000여 자의 갑골문자 중에서, 복사에 실제로 사용된 수는 1,000여 자를 크게 넘지 않을 것이라 하니, 해석되지 않은 것들은 형상을 표현하는 기능을 하거나, 허수로 새겨졌을 가능성이 있다.

이에 대한 연구가 필요해 보인다.

22. 갑골편 조각의 사람형상

여기에서는 『갑골문 이야기』[14]에 실린 갑골편 조각의 사람형상을 찾아보자.

흑백사진도 있으나 다른 사진 자료를 구하기 어려우므로 살펴보기로 한다. 다만 사진이 작아서 세밀한 분석은 어려우므로 뚜렷한 위주로 간략하게 분석하기로 한다.

다음 골편을 보자.

사진이 작아 뚜렷하지 않음을 감안하면서 살펴보자.

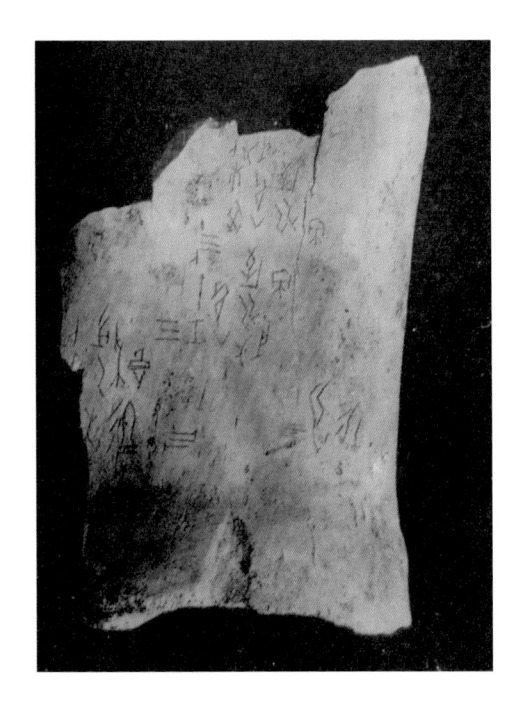

---

14 김경일, 『갑골문 이야기』, 바다출판사(2002)

균열된 선이 인물상의 뒤쪽 윤곽선을 이룬다.

문자의 획이 한 눈을 나타낸다.

숫자 三의 획이 코와 입을 표시한다.

다음 골편은 형태가 인물상을 나타내도록 다듬어졌다.

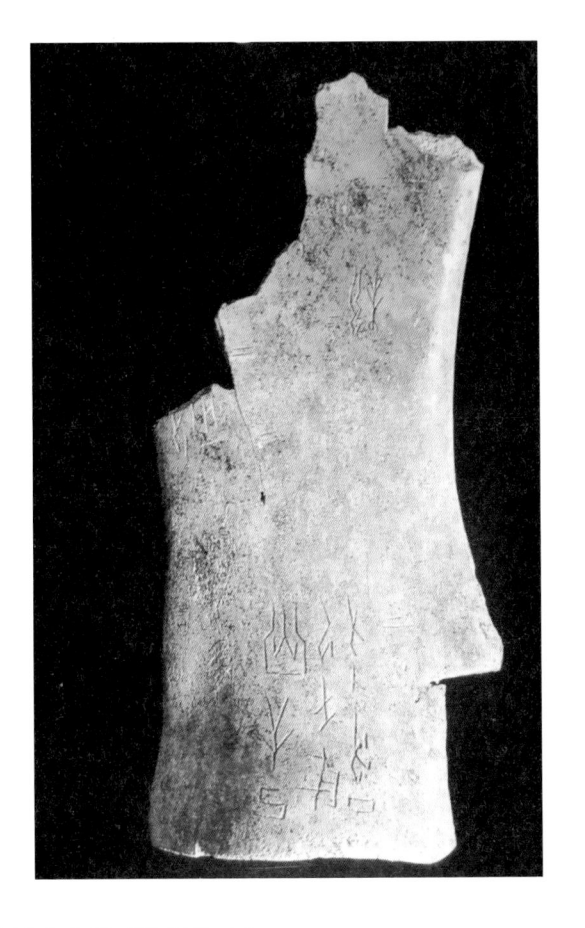

눈과 입의 표시가 뚜렷한 형상이다.

흑백사진의 골편이다.

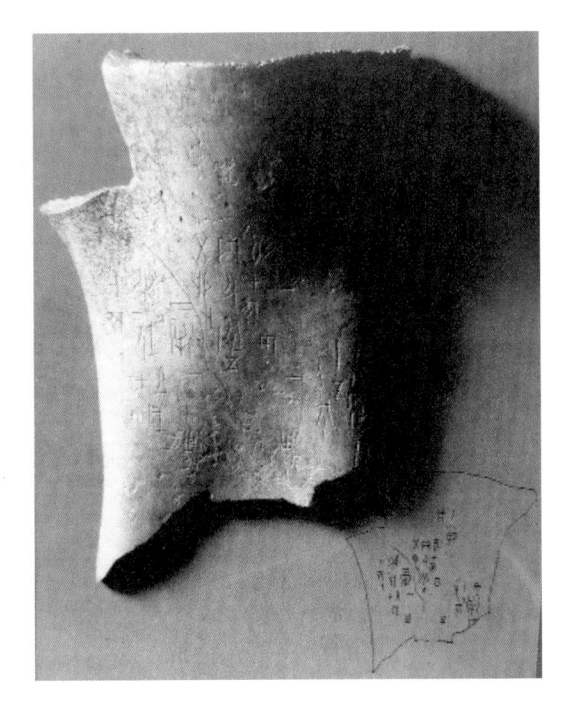

골편 옆의 설명을 보면 중간에 선이 그어져 얼굴 형태를 뚜렷하게 나타내고 있다.

문자가 두 눈과 입을 표시한다.

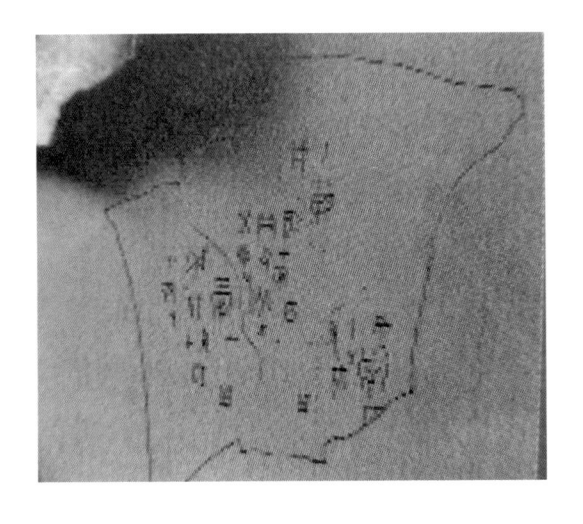

다음 갑골편은 인물상이 뚜렷하다.

卜 자가 눈과 입을 표시한다.

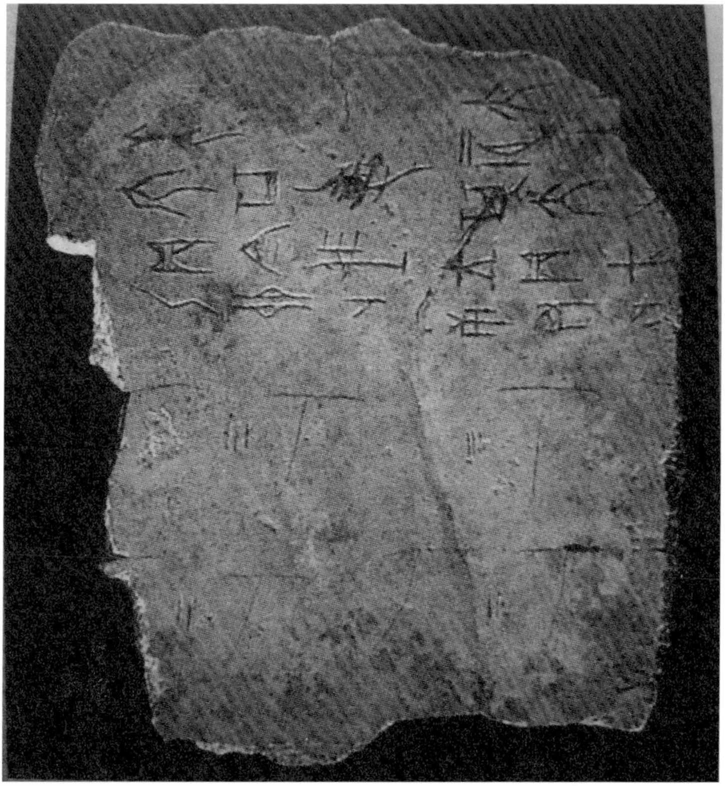

다음 갑골편은 우측 부분에 선이 윤곽선을 그린 형상이 뚜렷하다.
검은 색감이 눈과 입을 표시한다.

 골편 조각이 온전한 인물상을 나타내므로, 깨진 조각이 아니라 처음부터 이
상태로 제작된 듯하다.

23. 인위적 선과 치봉이 뚜렷한 갑골편

앞에서 EBS 〈만공 세계사〉 '갑골문자' 편의 영상에 나타난 갑골편의 치봉이 자연적인 거북 복갑의 구조선이 아닌, 인위적으로 새긴 선일 가능성이 크다고 설명했다. 전체적으로 손질된 부분이 작아 이를 인지하기 더 쉬운데, 표면을 벗겨내 선과 치봉을 새긴 것으로 판단된다.

이렇게 새겨진 선이 형상을 나타내고 있어 확실하게 인위적으로 새긴 선임을 증명한다. 지금까지 살펴본 갑골편과 또 다른 느낌의 형상이다.

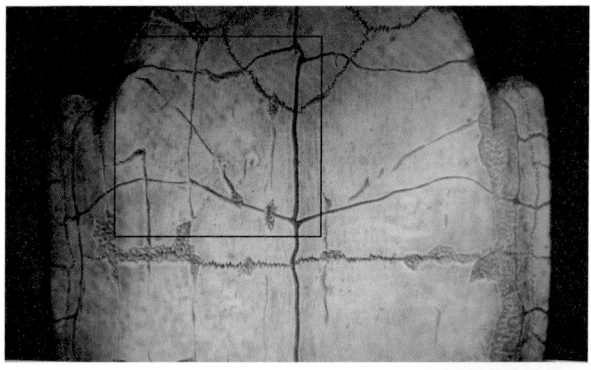

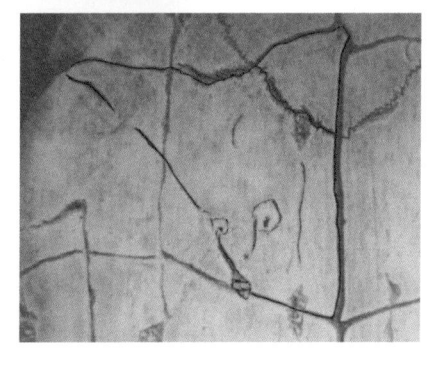

24. 패각의 갑골문자

패각에도 갑골문자가 새겨져 있다.

인터넷 자료여서 불확실하지만 참고로 살펴보기로 하자.

정방향의 모습이다.(한국속기록학연구원 소장자료)[15]

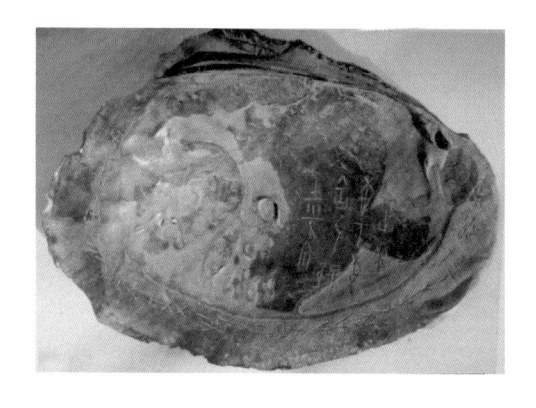

이를 거꾸로 보자.

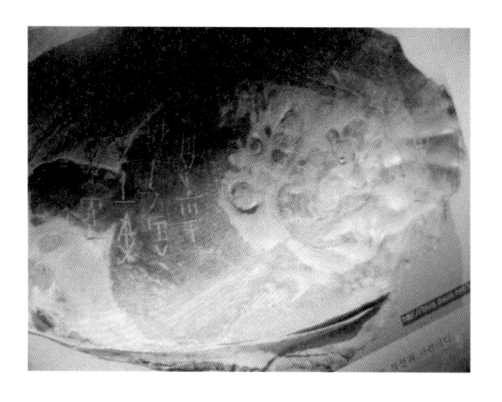

15 천지인천 키보드, 「패각(貝殼) 갑골문(甲骨文) - 한자의 근원」, 천지인천 한글 키보드·한국속기록학
연구원, 2016. 1. 6., https://blog.daum.net/sokgiin/7127483

존재를 파악하지 못하는 것이 이상할 정도로 뚜렷한 인물상이다.
그러나 정방향의 갑골문자에만 집중하면 알아보기 어려울 것이다.

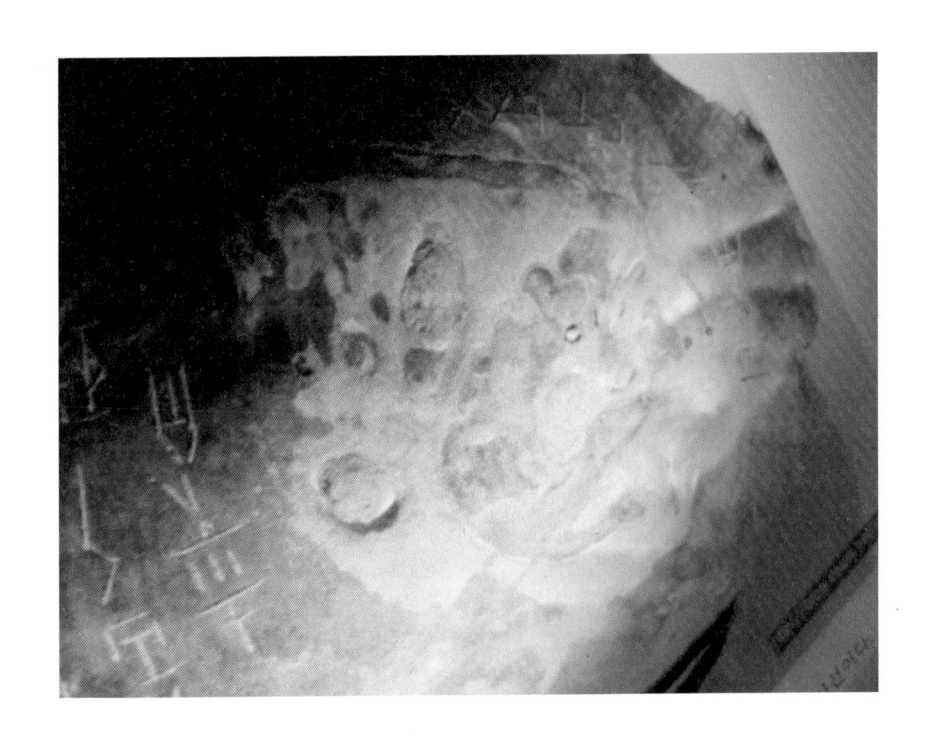

3장

갑골문자 인물상의 의미

갑골문자에 왜 인물상을 새겼을까?

갑골문자가 완전한 문장의 형태를 갖추고 갑자기 사용되기 시작한 것과 관련이 있을 것이다. 사람형상을 새긴 주체가 갑골문자를 보급했음이 분명한데, 언젠가 이를 알 수 있게 하려는 의도가 담겨 있는 듯하다.

먼저 후대의 전형에서 벗어난 갑골편에 새겨진 사람형상을 통해 실태를 다시 한번 분석해 보고, 그 의미를 찾아보기로 하자.

1. 전형에서 벗어난 갑골문자

EBS 〈다큐프라임〉 '갑골문자의 비밀, 황하문명'에 방영된 내용이다.

"이곳에서 발견된 갑골은 은허에서 발견된 갑골과는 좀 다릅니다. 역사적 사실은 이쪽 사람들이 은나라 문화의 영향을 많이 받았다는 것입니다."

— 천젠, 청두박물원 문물고고학연구실장

박물관에 소장된 갑골편에는 앞에서 살펴본 갑골편들과 다르게 많은 구멍이 파여 있다.

구멍을 점을 치기 위해 불로 지진 흔적으로 보는 듯한데, ㅏ 자가 되려면 구멍 옆에 일자 홈이 파여 있어야 한다.

점을 치기 위함이 아닌 것으로 보이는데, 다른 의미가 있을까?

균열선과 그은 선이 윤곽선을 이루며, 구멍이 눈과 입을 표시하는 인물상이
중첩해 나타나 있다.

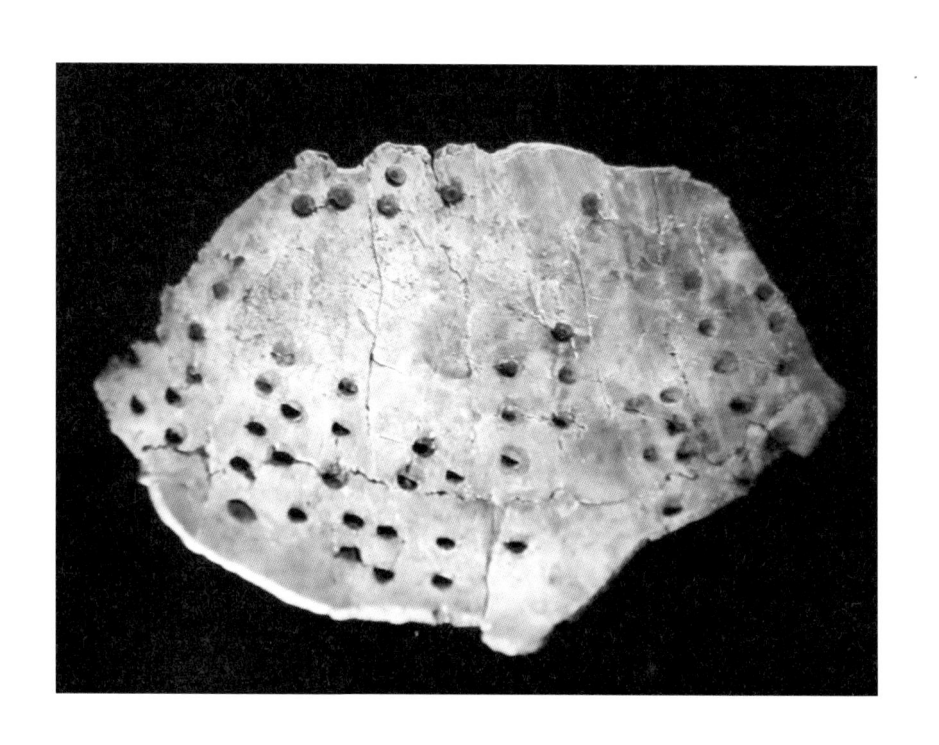

인골상의 상처흔을 그림이 이를 윤곽선을 나타낸다.

화살이 행방이다.

우측의 형상이다.

형상이 중첩해 있는데, 뚜렷한 형상만을 보기로 하자.

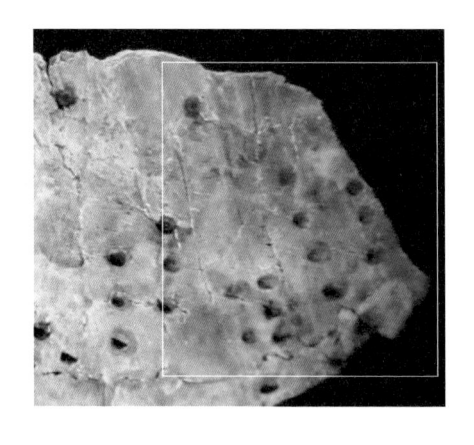

보기 드물게 구멍이 코를 이룬 인물상이다.

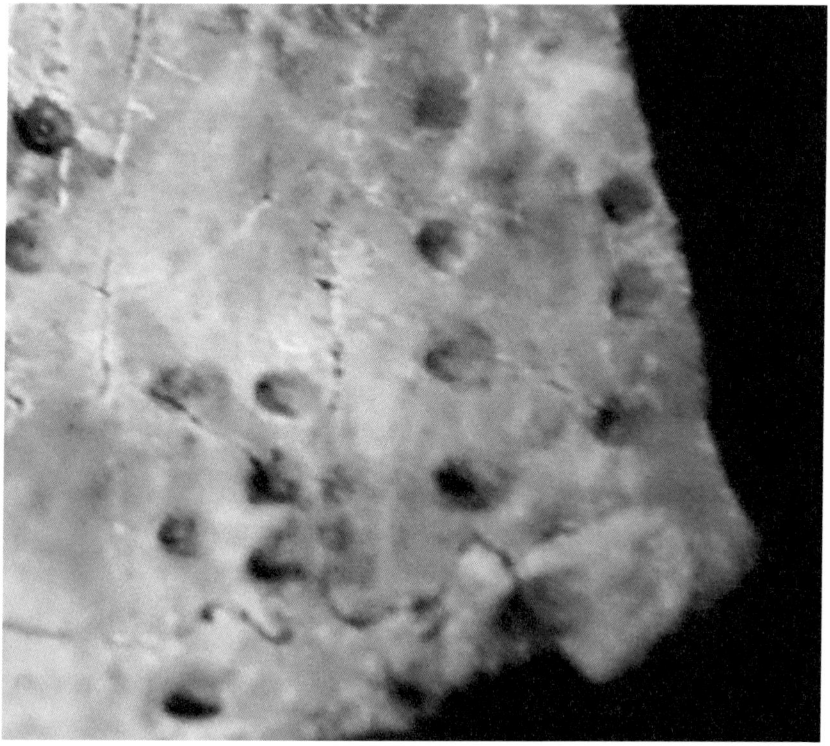

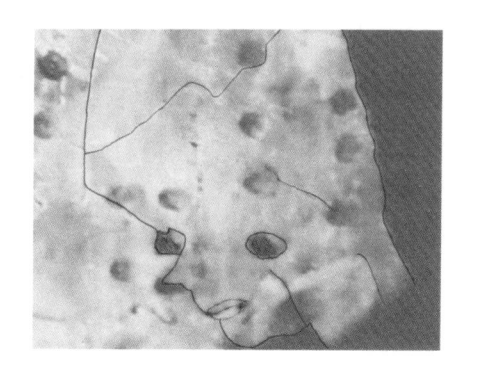

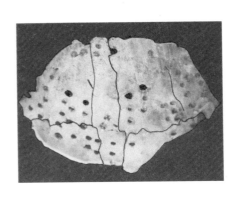

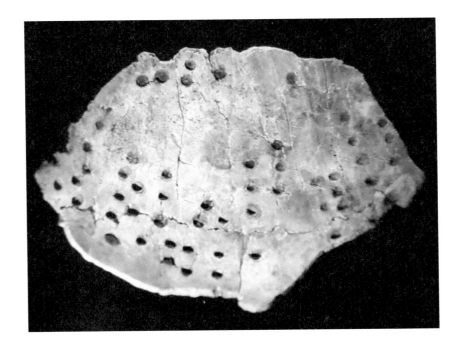

인공장이 운집해 있다.

홍산문화 상이 그려진 용과사신도 이들고, 그림이 뜨는 동물 표시 등 다수의

반가월에서 마리속을 것이다.

좌측 부분에 중첩해 나타난 인물상이다.

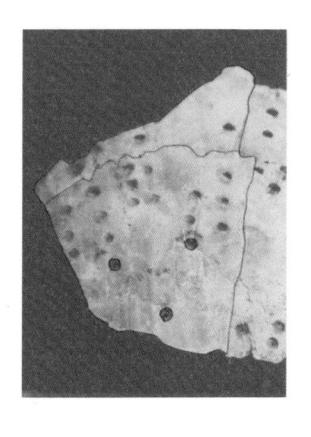

옆 방향에서 본 형상이다.

좌우측의 인물상이 윤곽선을 공유하며 맞대면하고 있다.

좌측에 두 인물상이 위아래로 중첩해 있으며, 아래 형상의 좌측 눈이 위 형상의 입을 이룬다.

우측도 두 인물상이 위아래로 중첩해 있다.

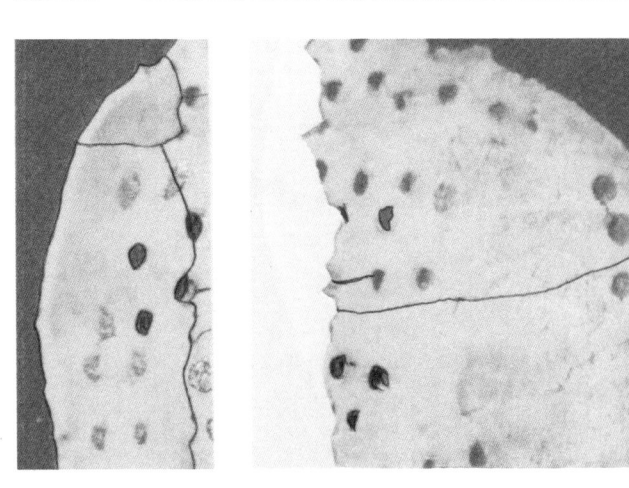

아래 형상과 위 형상이 우측
눈을 공유하며 중첩해 있다.
　아래 형상의 좌측 눈이 위
형상의 입을 이룬다.

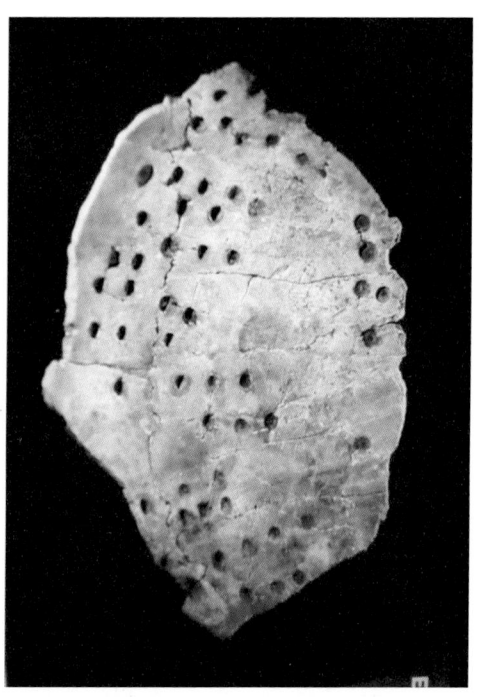

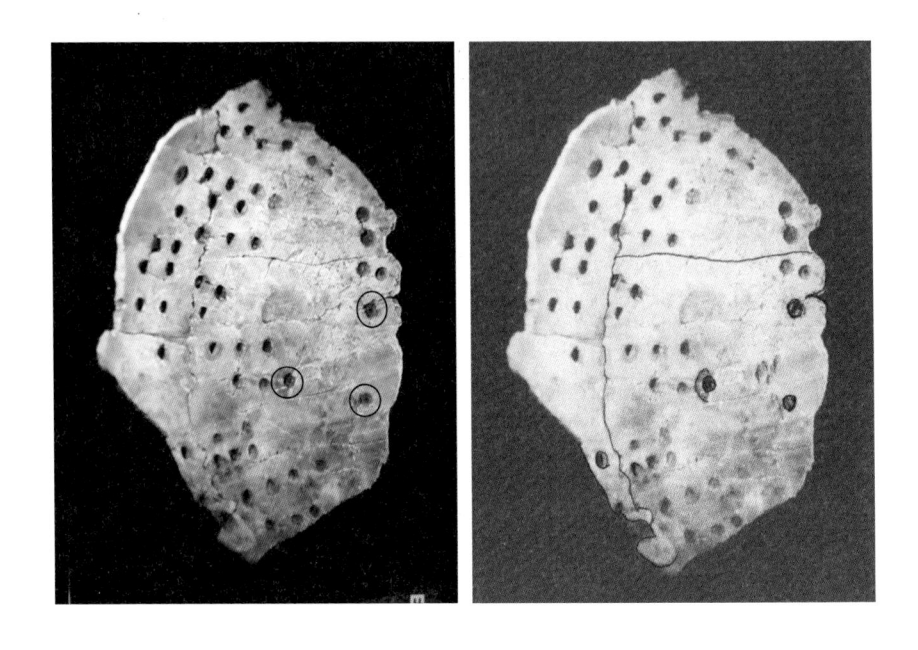

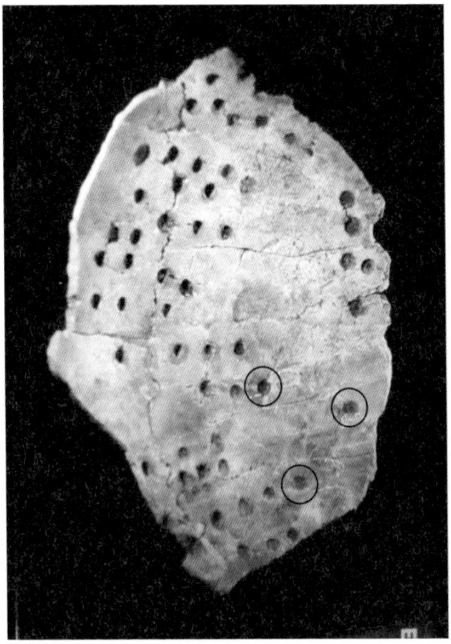

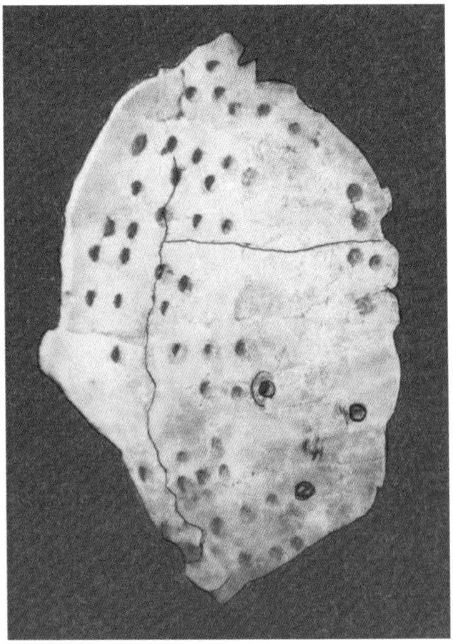

　방식은 다르지만 앞에서 살펴본 갑골편과 동일하게 사람형상을 표현하고 있다.

　이와 유사한 구멍은 갑골문자와 관련이 없는 일반 동물 뼈 유물에서도 볼 수 있다. 이는 갑골문자를 새긴 주체를 추적할 수 있는 유력한 단서다.

　동물 뼈 유물은 다른 유물과 함께 출토되기 때문이다.

　크기는 다르지만 유사한 형태의 구멍은 고인돌과 암각화 그리고 일반 바위에서도 볼 수 있다.

　필자는 이들 구멍의 실체에 대해서 전작 등 여러 곳에서 설명했다.

　위 갑골편에 새겨진 구멍과 마찬가지로 사람형상을 새기고 있다.

　갑골문자는 이들 사람형상을 새긴 주체에 의해 생성된 것이 명백하다.

2. 문자의 전수

문명이 조금씩 개화됨에 따라 문자가 서서히 발전한 것이 아니라 일시에 외부에서 전수된 것으로 추정된다.

완성된 문자의 전수는, 외부로부터 문명의 전수가 있었음을 의미한다.

문명이 원시 사회에서 서서히 발전해 온 것이 아니라 완성된 문자의 보급에 따라 일시에 크게 도약한 듯하다.

그 실체를 밝혀 나가야 할 것으로 판단된다.

갑골문자의 황하문명과 관련해 주목할 만한 연구가 있다.

신용하 교수는 갑골문자를 사용한 황하문명이 고조선문명에서 전수된 것이라 주장한다.

구석기시대 한반도의 동굴에서 생존한 사람들이 기후가 따뜻해지며 동굴에서 나와 신석기 농업 혁명을 통해 점차 고조선문명을 이루었고, 여기에서 이주한 동이족에 의해 황하문명이 형성되었다는 것이다.

신용하 교수는 고조선문명을 간략하게 한마디로 다음과 같이 정의한다.

"지금으로부터 약 5,000년 전에 한강·대동강·요하 유역 일대에서 독자적 유형의 농경문화와 청동기문화를 창조하고 고조선 고대 국가를 세워 우랄·알타이어족의 기원 언어인 고조선어를 창조해 사용하면서 살았던 사람들의 동아시아 최초의 고대문명이다."[16]

---

16 신용하, 『고조선문명의 사회사』, 지식산업사(2018), p. 41

황하문명을 이룬 상商족이 동이족이었음을 먼저 밝힌 이는 중국학자 부사년傅斯年이라 한다.

"상商족이 고조선 계통이었음을 중국에서 최근세에 먼저 포착하여 밝힌 이의 하나는 중국학자 부사년傅斯年이었다."

"부사년은 기자箕子의 조선 망명을 사실로 보면서, 기자가 은(상)나라가 망한 이후 조선으로 망명한 것은 원래 그의 조상의 출신 나라로 돌아간 것이라 설명한다."**17**

우실하 교수는 이제는 이 주장을 중국학자들도 받아들이고 있다고 한다.

"상나라 주도 세력이 남한한 동이족이라는 것은 이제 중국학자들 사이에서도 일반적으로 받아들여집니다"**18**

추정하건대 풍부한 물과 넓은 농지의 황하 지역에 문자가 전수됨으로써 문명이 발전해 주변으로 널리 퍼지는 결과를 가져오고, 이후의 역사시대로 발전한 것으로 판단된다.

필자는 전문 역사 연구자가 아니므로 이에 대한 검증은 역사 연구자에 미루기로 하고, 여기에서는 갑골문자와 관련해서 갑골문자 이전의 인류 최초의 고대 문자가 한반도에서 발견되었다는 주장만을 검토해 보기로 한다.

이는 신용하 교수의 주장을 뒷받침한다.

---

17 앞의 책, p. 550, 553

18 우실하, 『동북공정 너머 요하문명론』, 소나무(2007), p. 153

인류 최초 문자가 발견되었다는 보도를 보자.

지리산 삼신동 아래 청학동 뒤편에서 고대문자로 보여지는 글자가 음각된 돌이 발견되었는데, 이 돌에 새겨진 문자가 중국 갑골문자 이전의 고대문자로 인류 최초의 문자라는 일부의 의견이 개진되고 있다.

이 돌에 새겨진 글자를 확인해 달라는 요청을 받은 세계문자연구소 신유승 소장은 "삼신봉석에 새겨진 글자가 중국의 갑골문자보다 2,000년 앞선 고대 원시문자에 해당한다."라는 견해를 밝혔다.

신 소장은 "돌의 정밀 사진과 실물 판독을 통해 삼신봉석에 새겨진 글자 52자를 채자했다."라고 밝혔다. 신소장은 "채자한 52자의 글자를 통해 이 문자들이 고대 갑골문자보다 최소 2,000년 앞선 원시문자로 지금까지 발견된 문자 가운데 가장 오래된 글자다."라고 주장했다.[19]

---

19 강정태, 「지리산 삼신봉에서 고대문자 새겨진 돌 발견됐다」, 『한국농어촌방송』, 2019.1.24.

신 소장은 온라인 강의에서도 동일 내용을 강의한다.

"7000년 전 문자로 오늘날까지 판독 가능한 글자가 50자이며, 25자는 초기 갑골문자와 완전히 똑같다. 문장 구성도 군데군데 보인다."[20]

갑골문자와 완전히 똑같은 글자가 있다 하므로 갑골문자와 관련이 있음이 확실한데, 그렇다면 갑골문자처럼 사람형상이 새겨져 있지 않을까?

실물을 확인하지 못한 한계가 있지만 보도된 사진을 통해 이를 분석해 보자.

삼신봉석이다.

20 이동문, 「삼신봉스톤의 원시문자」 - 신유승 소장 -, 유튜브 이동문 채널(신유승의 한자와 중국어), 2018. 12. 30., https://youtu.be/pb9Fb5OyGTE

반듯한 직선들이 그어져 있는데, 함께 나타난 곡선이 인물상의 윤곽선을 그린다. 눈을 표시하는 짧은 선은 문자로 보인다.

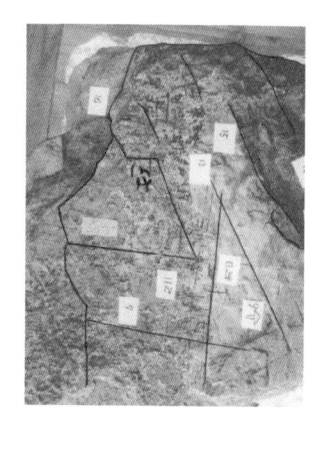

위의 사진 우측 아랫부분에 나타난 인물상이다.

직선이 얼굴과 머리카락 구분 선을 이루며, 구멍이 눈과 입을 나타내는 인물상이 뚜렷하다.

윗부분에 문자의 배치가 호랑이 얼굴을 닮은 인물상을 그린다.

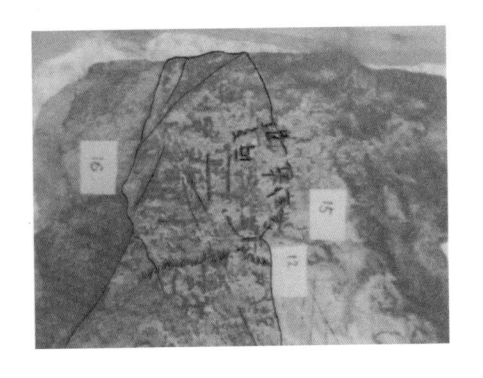

뚜렷한 사람형상이 새겨져 있어 갑골문자와 동일하다.

선과 문자가 형상을 표현하는 기능을 한다.

갑골문자와 관련이 있으며, 갑골문자 이전의 문자이므로 갑골문자의 원형으로 추정할 수 있다.

삼신봉석에 대한 관련 전문가의 보다 정밀한 연구가 필요해 보인다.

이와 함께 지금까지 논의한 사실을 반영한 새로운 고대사 연구가 진행되어야 할 것으로 판단된다.